Unser inneres Kind. Heilung & Klärung

Lassen Sie sich fallen in die Arme Gottes, und Ihre Seele heilt. Wir sind, die wir sind. Und unseres inneres Kind will Anerkennung, Liebe & Freude sein, und es heilt durch Gott. Wir spüren die Liebe dieses Kindes und Gott lenkt. Wir lernen mehr über uns selber und lösen uns aus falschen Glaubenssätzen, wenn wir Gott bitten. Auch Verständnis für das Leben und Empfinden des Kindes, sowie Klärung unserer Annahmen über uns und das Elternhaus werden durch Affirmationen erzeugt. Wir spüren mehr Liebe und Frieden in uns, wenn wir unser inneres Kind heilen. Viel Freude mit dem Buch, das dieser Klärung dient.

Zu meiner Person:

Nach und während einer klassischen Ausbildung, einem Studium im geisteswissenschaftlichen Bereich und einer Dissertation, wurde der spirituelle Weg immer deutlicher für mich zum Leitstern meines Lebens in dieser Welt.
Die hohen Energien von Avalon, die die Druiden einst einsetzten, um heiliges Wissen zu verbreiten, kehren zurück, und in dieser Tradition steht sowohl diese Publikation, wie mein Leben im Licht der Einheit.
Merlin, der aufgestiegene Meister, der ich bin, hat in der neuen Zeit die Aufgabe, mit den Menschen an dem Aufstiegsprozess zu arbeiten und sie daran zu erinnern, dass sie das hohe Liebesbewusstsein Gottes sind.

Namasté.

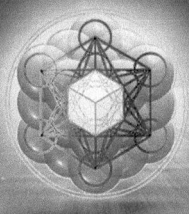

Workshop

Unser inneres Kind
Heilung & Klärung

Dr. Christian Hüls

© 2019 Dr. Christian Hüls

Informationen und weitere Hinweise:
www.christian-huels.de
Blog: spirit.fotografie-huels.de

Bibliografische Information der Deutschen Nationalbibliothek:
Die Deutsche Nationalbibliothek verzeichnet diese Publikation in der Deutschen Nationalbibliografie; detaillierte bibliografische Daten sind im Internet über www.dnb.de abrufbar.

Herstellung und Verlag:
BoD – Books on Demand, Norderstedt
ISBN 9783735775672

Inhalt

Unser inneres Kind	*S. 7*
Meditation: Inneres Kind heilen	*S. 61*
Muster lösen / Black-Box heilen	*S. 73*
Tiefer spüren	*S. 91*

Unser inneres Kind

Wer oder was sind die inneren Kinder in uns?
Wie heilen wir sie?
Warum ist es so wertvoll, sich damit zu befassen?
Auch als erwachsene Person.
Dies sind die Themen dieses Buches.

Innere Kinder sind oft in früheren Leben verletzt worden.
Deshalb sollten wir, um zu neuer Ganzheit zu gelangen, alle Kinder, die in dieser Inkarnation eine Rolle spielen, auch die aus früheren Leben, heilen.

Wir bitten hierzu Gott selber zu Hilfe.
Gott heilt unser inneres Kind.
Und Sie spüren die Liebe Gottes. Sie heilt. Und unsere Anhaftungen gehen aus der Kindheit.
Dies sind Glaubenssätze, Wahrnehmungen, die unserem Licht nicht dienen.

Ich wechsel nun in die Du-Form, damit die direktere Ansprache den Fluss der Worte unterstützt, und wir uns tiefer mit uns selbst beschäftigen.

Wir bitten Gott zu Hilfe.

Inspiration und Mut ist Gottes Geschenk für alle Menschen. Und wir sind Liebe. Spürt die Liebe Gottes, und sie heilt. Ba Ra Sekhem.

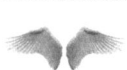

Wir sprechen in tiefer Liebe und Demut:

Gott, der ich in Wahrheit selbst bin, bitte erlaube mir, mein inneres Kind zu heilen.
Und wir sind Licht.
Ich und mein inneres Kind, wir gehen den Weg gemeinsam.
Wir sind reiner Kanal für göttliches Leben.

Und wir sind dies, Gott selber.

Und wir spüren die Liebe Gottes.
Sie fließt zu uns, sie durchströmt uns.

Und wir sprechen in tiefer Liebe und Demut erneut:

Gott, bitte heile mein Innen.
Und erlaube mir, zu channeln.

Spüren wir die Liebe Gottes?

Dann sind wir Licht.
Und wir spüren, dass wir Licht und Liebe sind.

Wir lassen uns ganz fallen in die Arme Gottes.
Und wir sind, die wir sind. Wir sind Licht.

Und alle Anhaftungen gehen, so dies auch Gottes Wille ist.

Des Menschen Wille ist sein Himmelreich, und Gott heilt. Er oder sie ist unendliche Gnade. Und so wird Euch Euer Himmel geöffnet, wenn Ihr darum bittet.
Bittet weise: Sha are ora, sha are ora, sha are ora. Und die Türen zum Himmel öffnen sich. Ba Ra Sekhem.

Um die Vorstellungen, was Anhaftungen sind, zu vertiefen, können wir fragen, was sind sie nicht?

Zum Beispiel: tiefe Liebe, Demut, Verlangen nach Gott selber, Verlangen nach dem Eins-Sein mit sich, und ganz dem Licht und Gott zu dienen.
Dies ist sehr spirituell zu verstehen.

Wir können weiter fragen, was sie sein können:

Anhaftungen sind zum Beispiel, zu sehr nach materiellem Besitz zu streben. Sich um die Belange des anderen zu kümmern, statt um die eigenen. Sich selbst nicht wert zu schätzen, und nach Maßgabe der anderen zu leben.
Anhaften können wir dort heilen und erkennen, wo wir den Regeln der Gesellschaft mehr folgen, als uns selber. Etwas soll so und so sein, und darf nicht anders geschehen, wir geraten sonst in schlechte Gefühle, wie Wut oder Neid, geraten aus unserer Mitte, wollen anderen etwas beweisen. Diese Anhaftungen gehen unter anderem, wenn wir uns ganz Gott widmen.

Wir lösen nun alle Anhaftungen, alle Gefühle des Mangels, indem wir zum Beispiel sprechen:

Gott bitte Erlöse alle auf Mangel basierenden Gefühle und Wahrnehmungen in mir.
Bitte löse alle auf Angst basierenden Gedanken, und

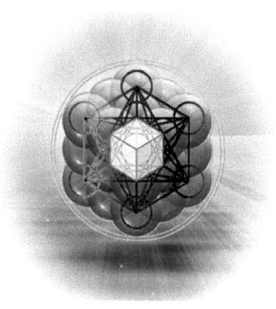

Bittet einmal weise: Ich bin Liebe, ich bin Wille, ich bin der ich bin, und ich bin Liebe.
Ich manifestiere aus dem höchsten Bewusstsein, dass ich Liebe bin.
Spürt die Liebe Gottes, und sie ist reines Wissen.
Ba Ra Sekhem.

Gedanken des Mangels.
Ich bin Licht.
Bitte erlöse mein Sein zum Licht.
Und ich bin in Wahrheit dies Licht.

Gott, bitte erlöse mich aus allem „Unwohlsein" und allen Gefühlen von Neid, Zorn, bitte löse alle so genannten Deckerinnerungen (dies sind „ummantelte" Wahrnehmungen, die etwas verstellen, deren „Ziel" es sein kann, traumatische Erlebnisse aus der Kindheit zu verdecken. Ihr wahrer Gehalt tritt laut Sigmund Freud[1] in Psychotherapie forciert, im Alltagsleben durch Phobien und/oder Abwehrhaltungen sowie in Wiederholungen früher, auch und sogar schädigender Beziehungs- & Bindungsmuster unter anderem zu Tage).

Wir lösen nun alle Ummantelungen und sprechen Gott selber an:

Bitte Gott, löse alle Beziehungsauffälligkeiten in mir. Seien diese Rollenmuster, die ich aus der Herkunftsfamilie nachahme, seien dies frühe Bindungsstörungen, Fixierungen auf bestimmte Phasen in der Entwicklung meines Selbst und meine Selbstwertes, seien dies Affekte und Abwehrhaltungen, die durch Reinlichkeitserziehung, durch Vorleben von Verhalten sozial vererbt wurden, seien dies Rollenkonflikte aus dem Unbewussten.

---

1   Sigmund Freud: Über Kindheits- und Deckerinnerungen. In: Monatsschrift für Psychiatrie und Neurologie. 1899

Gabriel ist die Macht Gottes, sein Name bedeutet, gleißendes Licht, Gott selber. Ba Ra Sekhem, und Gott heilt in uns. So sind wir Metatron und auch Erzengel Gabriel. Spürt die Liebe Gottes, die durch Erzengel Garbiel verkündet wird. Ba Ra Sekhem. Ihr könnt sprechen:
Ich bin Licht, ich bin Liebe, ich bin Wille, und ich bin Leben, ich manifestiere aus dem höchsten Bewusstsein, dass ich Liebe bin.
Wahres All-Eins-Sein sei, und ich bin Licht.
Spürt Erzengel Gabriel und Metatron und seid, denn Ihr seid Licht. Ba Ra Sekhem.

Ich bitte Dich in tiefer Liebe und Demut, diese Erinnerungen zu erlösen zu Ihrem wahren Gehalt, und sie im Licht der Einheit zu entschleiern.

Lass mich und mein Inneres Kind die Rollen der „Erwachsenen" nicht nachahmen, lass mich ganz sein im Licht der Einheit, und im Licht diese Konflikte und Rollenmodelle heilen.

Bitte spüre, was passiert.
Lasse dies wirken.

Und wir spüren die Liebe Gottes.

Gott löst die Ummantelung auch in unserem Gedächtnis, und wir spüren, ob unsere Eltern aggressiv, liebevoll, geduldig mit uns umgegangen sind, und wir spüren uns selbst als kleines Kind.

Tauchen Verlassenheitsgefühle auf?

Dann bitten wir Gott erneut:

Gott, bitte erlöse dieses Trauma in mir; der Verlassenheit, der Ur-Angst, des nicht genügend Seins, des Ausgeliefertseins.

Ich bin Licht.
Ich bin Liebe, ich bin Gott selber, und ich erlaube mir zu heilen.

Merlin, der aufgestiegene Meister und Metatron reichen Euch die Hand. Spürt die Liebe, die Euch umfängt. Seid, und Ihr seid Licht.
Und Gott ist.
Merlin reicht Euch erneut die Hand, und die Einheit ist in Euch zu erleben. Spürt dies erneut, denn Ihr seid, die Ihr seid.
Wenn Ihr Gott spürt, dann spürt Ihr die All-Liebe und die Erde in Euch ist erledigt. Sie ist Licht.
Ba Ra Sekhem. Ägytpsich für Hohe Seele, Höchstes Selbst, Bewusstsein, Lebenskraft.
Und Ihr seid, die Ihr seid.

Und ich verzeihe meinen Eltern.

Gott, bitte heile mein Innen.

Jetzt werden wir uns selbst als Kind noch tiefer spüren.

Wir bitten Gott darum.
Wie waren unsere Eltern?
Wir spüren erneut.
Waren sie liebevoll zu uns?
Waren sie präsent für uns?

Wie hat uns unsere Mutter, wie unser Vater uns behandelt? Unterschiedlich? Wer war dominant?
Hat uns dies Verhalten schüchtern werden lassen oder mutig?

Mutige Väter und Mütter unterstützen die Selbstständigkeit der Kinder, eher zurückhaltende können die Muster Angst oder Vermeidung tradieren.

Wir kennen vielleicht die psychologische Sachlage, dass Ängste, Unruhe, aber auch Abenteuerlust weitergegeben werden.

Nehmen wir an, eine Mutter erzieht ihr Kind, egal ob Tochter oder Sohn, ängstlich(er), vermeidend.
Wird das Kind scheu? Zurückhaltend? Sucht es sich in seiner Partnerschaft Bezugspersonen, dies es „un-

Männer können sprechen: Gott, bitte erlöse meine „Männlichkeit" und mein inneres Gefühl zu Frauen, sollte es belastet sein (druch Vorurteile, Ängste, Ablehnung, etc.).
Lass mich spüren, welche Gabe ich als Seele in mir trage. Lass mich Gefühle der Leere transzendieren, und lass alle Traumen in mir weichen, die meine Männlichkeit betreffen.
Lass meine innere weibliche und meine männliche Seite in mir verschmelzen und sich vereinen.
Ich bin Licht, ich bin Liebe, ich bin Wille, ich bin Weisheit. Ich bin Gott selber, und ich manifestiere aus dem höchsten Bewusstsein, dass ich Liebe bin.
Ich bin Licht.
Ba Ra Sekhem, um dies zu betonen.

terdrücken", (genauer gesagt die Gefühle unterdrücken)?
Freud hat sehr schön herausgearbeitet, dass wir wiederholen, sowohl das positive, wie das negativ erlebte.[2] Wir „suchen" förmlich nach Bestätigung des Unwohlseins auf innerpsychologischer Ebene, wenn wir in der Kindheit unterdrückt wurden.

Wir ziehen uns PartnerInnen in das Leben, die uns spiegeln oder zeigen, dass wir um die Anerkennung und Liebe ringen müssten (der „Eltern"), wir spielen unsere inneren, zornigen Kinder „nach", die von ihren Eltern sowohl „in Watte gepackt" worden sein können, als auch zum Beispiel physisch, psychisch/verbal „misshandelt" wurden, durch so genannten „Liebesentzug" der Eltern beispielsweise, um Kinder zu unterdrücken, bis hin zu emotionalen Missbrauch oder physischem geschlagen worden sein. Diese Kinder heilen durch Gott.

Und wir spüren einmal genauer: standen wir den Eltern zur Verfügung? Wurden wir bedingungslos geliebt oder mussten etwas für Anerkennung, Liebe, Nähe „tun"?

Wie waren wir als Kinder? Scheu, mutig? Frei? Oder standen *wir* den Eltern zur Verfügung?

Meist auf mehreren Ebenen des Seins.

---

[2] Freud, Sigmund: Jenseits des Lustprinzips. 1920

Weiblichkeit: Gott lass mich Deine Liebe spüren, lass mich die weibliche Seite in mir heilen. Lass mich ganz in der Ruhe und dem Frieden sein, und ich bin Licht. Ich bin Liebe, ich bin Wille, und ich bin Weisheit, ich bin das Ich-Bin-Bewusstsein. Ich bin Liebe.
Ich heile mich selbst, und wahre Liebe und Freude ist. Ich bin Licht.
Lass mich Deine Liebe erneut spüren, Gott, der oder die ich in Wahrheit selbst bin.
Ich bin Licht, und ich heile mein Innen, und ich bin Licht. Ba Ra Sekhem.
Und ich bin der oder das Ich Bin. Ich bin Liebe, Wille und Weisheit, und ich manifestiere aus dem höchsten Bewusstsein, dass ich Liebe bin.
Ich lasse dies wirken.

Wir spüren dies und atmen tief ein.
Wir spüren, ob wir uns „weit" fühlen, oder gedrückt.
Was zeigt sich?

Kommen gute, positive Gefühle hoch oder drängende, traurige? Was überwiegt?
An was erinnern wir uns?
Und wir erlösen erneut Deckerinnerungen in uns.

Ägyptisch sprechen wir:

Ba Ra Sekhem. Für Geist, hohe Seele, Höchstes Selbst, Bewusstsein, Lebenskraft.

Und wir sind dies.

Ba Ra Sekhem.

Und wir spüren die Liebe Gottes.

Und sie heilt.

Spüren wir erneut, wie wir als Kind waren. Mussten wir uns „verstecken" oder konnten unsere Gefühle frei äußern?

Wie war es, als wir im Kindergarten waren? Waren wir ausgelassen?

Spüren wir, wie es war; was zeigt sich?

Alte Magien lösen – und wir sprechen:
Ich bin der ich bin, ich bin das Ich-Bin-Bewusstsein, und ich manifestiere, dass ich alles löse, das nicht in der Einheit ist in mir. Und ich bin Licht. Gott, bitte lasse alle Magien durch Isis, durch Thoth, durch Dich und die weiß-violette Flamme, die Erzengel und/oder den heiligen Gral heilen, die andere mir sendeten, und/oder, die ich erzeugte (meist in früheren Leben). Ich bin Licht, und Gott ist. Und alles heilt in mir.
Ich löse alle „Teufelseide, die ich jemals schwor, ich löse alle Hexenzauber, Runenmagien, Voodoomagien, „Blutsmagien", Flüche, Pentagramme, „Ringe", alle weißen Magien, Schutzbünde, Schutzmagien, schwarzen Magien, Kirchenbänne, Ortsbänne, Kletten, Vampire, ich lasse jetzt alle Engel wirken, und ich bin, der ich bin. Ich löse alle Schwüre, Eide, Treueeide, die dem Licht nicht dienen, und ich bin, der ich bin. Ich diene ausschließlich Gott und dem Licht.

Wir dürfen uns Zeit nehmen.

Gab es in der Kindheit Ausgelassenheit?
Hierin steckt das Wort *gelassen*.

Wenn Kinder gelassen sind haben sie später eine Entwicklung, die unter guten Vorzeichen läuft, zu erwarten.

Sollte dies nicht der Fall sein, und wir machen hierzu eine Übung, so sollte dies durch tiefenpsychologische Prozesse begleitet, nachgeholt werden.

Zunächst die Übung.

Stellen wir uns vor, wie unser inneres Kind in einem Garten ist, und es darf sich in diesem Garten umschauen. Was sieht es?

Ist es in dem Garten schön, sind dort viele Pflanzen, Bäume, ist dort vielleicht eine Schaukel, auf dem es spielen kann?

Dann lassen wir es spielen.

Ist in dem Garten mehr zu sehen und zu fühlen? Wie groß ist der Garten? Gibt es einen Zaun?

Fühlt es sich einsam in dem Garten an oder fröhlich?

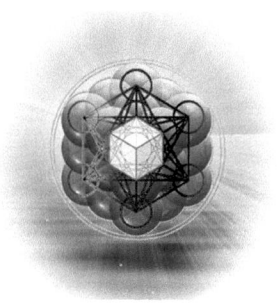

Erneut bitte ich, dass alle Magien, ob Haltemagien, Flüche und Hexenmagien gelöst werden, so alle Zaubersprüche und Voodoopuppen, die jemals erzeugt wurden. Ich bin Licht, ich bin Liebe, ich bin Wille und Weisheit, ich bin Gott selber, und ich manifestiere aus dem höchsten Bewusstsein, dass ich Liebe bin. Ich bin Licht, und diese Erde heilt, ich bin Licht.
Lasst dies wirken, und Ihr seid Licht.
Auch die weiß violette Flamme wirkt, und ich bin, der ich bin.

Wir bitten in jedem Fall Gott um Erlaubnis den Garten zu heilen und spüren nun, ob sich etwas verändert.

Bitte Gott, erlaube mir, den Garten meiner Kindheit zu heilen, zu entstören, und alle Muster zu heilen, die mich binden an falsche Wahrhaben und innerpsychische Konflikte.

Waren wir als Kind Mitglied einer Glaubensgemeinschaft, dann bitten wir Gott um Hilfe, unsere Verbindungen zu „Sekten" zu lösen und unser Gottesbild zu heilen.
Wir danken Gott, wir sind sein Ebenbild, und so dürfen wir in unserem Garten (und in der Welt) ganz viel Freude erleben.

Wir spüren dies.

Nehmen wir an, wir waren als Kind blockiert. Hatten Angst, mussten uns vor der Welt in Acht nehmen. So sollten wir im Garten nach einer Art Muster oder Glaubenssatz Ausschau halten.
Gibt es einen schweren Stein, einen Teich, der uns Angst macht, oder sind „wilde" Tiere im Garten?

Geben wir den „verdrängten" Gefühlen, so auch „Wut", „Einsamkeitsgefühlen" und „Sorgen" Raum. Was wollen diese „Gefühle" von uns?

Gott lenkt, und wir bitten die Engel und Erzengel um Hilfe, sie sind unendliches Licht und Gnade. Sie sind, die sie sind. Und wir sprechen ein Gebet an die hohe Seele, denn wir sind Licht:

Bitte Gott, der ich in Wahrheit bin, lass mich mit Hilfe der Erzengel hier auf Erden die Heilung und Transzendenz erleben, die sich meine Seele wünscht.
Dies ist so. Denn ich bin Licht, und in Wahrheit Gott selber. Ba Ra Sekhem.

Merlin reicht Euch die Hand, und Ihr seid, die Ihr seid.
Ägyptisch: Ba Ra Sekhem: Hohe Seele, Höchstes Selbst, Bewusstsein, Lebenskraft, und der Ba heilt. Ba Ra Sekhem.

Wollen sie uns klar machen, dass wir nicht genügen? Oder dass wir uns Sorgen um Vater, Mutter oder die Großeltern machen?

Wollen sie uns abhalten, ganz wir selbst zu sein, gelassen und im Frieden?
Wollen die Gefühle uns „übermannen" oder überschwemmen?

Wir spüren dies.
Und wir lassen dies für einen Moment zu.

Wir sehen es oder diese Gefühle im Garten als Widerspiegelungen. Wo spiegeln sie sich?

Es kann, wie gesagt, ein oder mehrere Gegenstände sein oder Tiere.

Wir können diese Übung mit verschiedenen Gefühlen und Facetten in uns wiederholen.
Und wir bitten Gott und die Engel, diese Gefühle und die entsprechenden Gegenstände zu heilen.
Was ist nötig, damit ein Gegenstand, den wir als gefühlsmächtig in uns erkannt haben, heilt?

Gott lenkt, und wir bitten Gott und die Engel und Erzengel, dies Gefühl, diesen Gegenstand, den „Gegner" in uns zu heilen.

Vielleicht müssen wir auch mutiger auf die Gegen-

Ba Ra Sekhem heißt, wir sind Licht. Und ich bin Leben. Die ägyptischen Worte meinen, dass wir Licht und Liebe sind, und reiner Ba. Dies meint, in uns gibt es keine Trennungen und Trennlinien, und so bekunden wir dies:
Wir sind Ba Ra Sekhem, und spüren die Macht und die Gnade des All-Einen.
Ba Ra Sekhem.

stände zugehen, und Gefühle der Trauer und Ohnmacht wandeln zum Licht der Einheit. Und wir spüren dies.

Gott heilt unser Innen.

Wie sieht der Gegenstand nun aus, durfte er sich wandeln? Und fühlen wir uns anders? Ist der Garten schöner, friedvoller, „weiter", ohne Zäune und Begrenzungen?

Fühlen wir uns frei?

Als „Insel" der Glückseligkeit? Dann sind wir geheilt(er).

Sonst gehen wir noch mal die einzelnen Gegenstände durch, die uns auffällig vorkommen.

Sind wir als Kind verletzt worden in unseren Gefühlen, tragen Gefühle der Trauer in uns, dann drückt sich dies im inneren Garten aus.

Wir können dieses Bild des Gartens mit dem so genannten katathymen Bilderleben vergleichen.
Diese Sprache der Seele, die in den 50er Jahren durch Hanscarl Leuner[3] eingeführt wurde, setzt die

---

3   Leuner, Hanscarl: Katathymes Bilderleben: Unterstufe. Einführung in die Psychotherapie mit der Tagtraumtechnik. Ein Seminar. Thieme, Stuttgart 1970

Unser inneres Kind heilt, es ist Licht, und es ist in vielen Bereichen vielleicht noch nicht voll erschlossen von uns, so erschließen wir es. Und so ist es. Lasst es zu Euch treten, und es möchte geliebt werden.
So gebt ihm die Liebe, und es heilt.

innere, auf die Gefühle bezogene Heilung in Bezug zur Änderung innerer Bilder, wie dem Bild eines Baumes, einer Kutsche, eines Sumpfes, eines Löwen, eines Berges.

So arbeitet die Seele in den Bildern ihre Lernthemen durch.

Zum Beispiel bildet die Reinlichkeitserziehung einen Einschnitt im Leben eines Menschen. Das Bild eines Sumpfes soll dies verdeutlichen. Wie sieht das Innere Bild eines Sumpfes aus?

Trauen wir uns, in den Sumpf zu steigen?
Trauen wir uns, darin zu waten? Gar Freude zu empfinden?

Falls nicht, was heilt dies Bild?
Bitten wir Gott um Unterstützung und Heilung des Bildes, sowie einen Engel, der zuständig ist.
Was geschieht?
Können wir in den Sumpf und gar Freude empfinden?
Dann ist dies Bild geheilt.
Ansonsten hatten unsere Eltern wahrscheinlich in ihren Rollen zuviel Einfluss, zu hohe oder erdrückende Erwartungen an uns.

Nehmen wir dies wahr.

Gott ist, und Gott ist reine Liebe und er oder sie begnadigt uns, und wir sind Licht.
Und wir lieben Gott und die Engel. Sie helfen, wenn wir darum bitten, und das tun wir.
Wir bitten Gott, die Engel und Erzengel, die aufgestiegenen Meisterinnen und Meister um Hilfe, und wir sind Licht. Wir spüren dies. Und wir lassen die Hilfe zu uns kommen.
Wir sind Licht, Ba Ra Sekhem, um dies ägyptisch zu betonen. Wir sind Licht, und wir sind, die wir sind. Spüren wir die Liebe Gottes? Dann ist alles in Ordnung, und wir lassen dies zu.
Ansonsten wiederholen wir die Bitte.
Und wir spüren die Liebe Gottes. Und wir sind, die wir sind.
Lasst dies wirken, und spürt, welche Meister/innen Euch begleiten.
Ich bin, der ich bin, dies dürft ihr sagen.

Und erneut bitten wir Gott und einen Engel um Hilfe, unsere Reinlichkeitserziehung und das Bild des Sumpfes, sowie etwaige Schamgefühle zu heilen.

Gott, bitte heile dies.

So könnte eine Bitte lauten.

Was geschieht? Wird das Bild heiler?

Wie wäre es, wenn all unsere „Triebe" nie unterdrückt worden wären?

Fühlen wir und genießen dies Bild innerer Freiheit.

Wir können weiter philosophieren.

Zu wieviel Prozent ahmen wir die Glaubenssätze und Muster unserer Eltern nach (um Ihnen unbewusst zu gefallen)?

Wir spüren nun vor unserem geistigen Auge eine Zahl oder sehen ein Glas mit Wasser. Ist es voll, oder zu wieviel Prozent ist es gefüllt? Zunächst spüren wir die Zahl bezogen auf die Mutter.

Lassen wir dies wirken. Vielleicht zeigen sich diese Glaubenssätze in Handlungen, die wir gewohnt sind zu vollziehen, und wir spüren, in welchen Situationen wir sie noch heute nachahmen.

Wir sind Leben. Und wir manifestieren, dass wir Licht sind.
Wir sprechen:
Ba Ra Sekhem, und ich bin Licht.
Ich bitte Gott selber, mich zu erleuchten, und Erzengel Raziel, mein drittes Auge zu öffnen und zu klären.
Ich bitte Kuthumi, den Meister, mein Sein zu durchströmen. Ich bin Licht.
Der Meister heilt unser drittes Auge, und Erzengel Raziel wirkt. Und auch die Krone heilt.
Ba Ra Sekhem.
Und wir sind, die wir sind.
Ba Ra Sekhem.
Lasst dies wirken.
Und in der Einheit gibt es keine Trennungen.

Dies können Verlassenheitsgefühle sein, es kann sich um Nervosität handeln, es kann sich um Zorn oder die Tendenz zum Streiten handeln, aber auch „positive" Muster wie Entspanntheit, Fröhlichkeit, Gelassenheit, kurzum, der leichte Umgang mit dem Leben, kann Vorbild sein für Nachahmung.

Vorsichtshalber schütten wir nun dennoch das Glas der Nachahmung aus. Oder wir bitten Gott, die Zahl, die wir gesehen haben, auf 0 zu reduzieren.

Fühlen wir uns jetzt anders? Lassen wir dies wirken.

Was hielt uns ab vom Glück? Wollten wir „recht haben", es der Mutter oder dem Vater gleich tun, um Anerkennung und Liebe zu erhalten?

Wir wiederholen ständig. Positive wie negative Glaubenssätze, und wir spüren erneut, welche dies sind.

Sind wir im Genuss oder „müssen" wir uns anstrengen im Leben?

Wir lösen diese Anstrengung durch Gott und die Engel, zum Beispiel, indem wir bitten:

Bitte Gott, offenbare mir, wer ich in Wahrheit bin. Lass mich alle Ängste, allen Zorn, alle Glaubenssätze und Nachahmungen, zum Beispiel meiner Eltern, nun lösen. Ich bin Licht. Ich bitte Erzengel Gabriel zu Hilfe und die

*Erzengel Raphael, ich bitte Dich, heile mein physisches Sein, ich bitte Dich, mich mit göttlicher All-Liebe zu heilen und mein Sein zu klären.
Ich bitte Dich, geliebter Erzengel Raphael, lass mich Deine Liebe spüren.
Ich bin Licht.
Ich bin Liebe, ich bin Wille, ich bin Gott selber, und ich manifestiere, dass ich Licht und Liebe bin, ägyptisch: Ba Ra Sekhem.
Und Erzengel Raphael, bitte heile auch mein limbisches System, meine DNA, mein ganzes physisches Sein erneut.
Bitte stelle meien göttliche Gesundheit wieder her.
Ich danke Dir von Herzen.*

Spürt die Liebe Gottes, und Ihr seid Licht.

lichtvolle geistige Welt. Ich bin, der ich bin.

Spüren wir erneut, was sich, und wie es sich ändert.

Wer oder was hat uns diese Glaubenssätze gelehrt?

Waren es Mutter oder Vater, die uns am dominantesten „erzogen" haben?

Bevor wir nun das Glas der Nachahmung des eigenen Vaters ausschütten oder die Prozentzahl, die wir gezeigt bekommen, auf 0 reduzieren, danken wir unseren Eltern für all ihr Tun.

Sollten wir hierbei Probleme spüren, bitten wir Gott und die Engel um Hilfe.
Die Eltern haben uns nie erzogen, dies betonen wir einmal innerlich, und wir spüren dies.

Danke, lieber Vater, geliebte Mutter, für all Euer Tun. Danke, dass ihr mich geboren habt, danke dass Ihr mich genährt habt, danke.

Lasst dies wirken.

Nun spüren wir die Nachahmung des Vaters in uns, seine Glaubenssätze und Muster, die wir in uns tragen.

Wir Verfahren nach dem gleichen Schema, wie bei

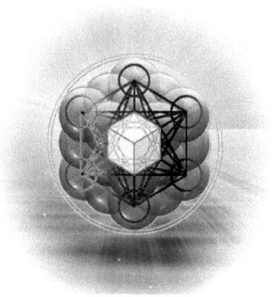

Gott ist reine Liebe und Gnade, und er oder sie ist Licht ohne Vorstellung auf der Erde, er berührt uns und lässt uns die Liebe Gottes spüren.
Ich bin, der ich bin, dies sagt Ihr, und Ihr seid Licht. Und ich bin, der ich bin, dies dürft Ihr öfter sprechen, um zu betonen, dass ihr Gott seid, hinter all den Kulissen, und sie weichen komplett, und wir sind, die wir sind.
Und wir lieben uns selbst, und sprechen: Gott heilt, und wir sind Licht, und wir sind Leben, ägyptisch: Ankh, und wir lassen dies wirken, wir sind Licht, und reine Gnade, und wir sind, die wir sind, Ba Ra Sekhem, erneut für hohe Seele, höchstes Selbst, Bewusstsein und Lebenskraft, und Macht als Licht, Ba Ra Sekhem, und wir sind, die wir sind. Und ich bin, der ich bin, dies sprecht ihr erneut. Und ihr seid Licht.

der Mutter, und wir schütten das Glas der Nachahmung aus, oder wir bitten Gott, die Zahl, die wir vor unserem geistigen Auge sehen, auf null zu reduzieren. Wir spüren dies.

Nach dem Vorgang steigern wir unser Einfühlungsvermögen und bitten erneut, dass Gott in uns unterdrückte Gefühle, wie Zorn, aber auch anerzogene Zurückhaltung oder das Gegenteil davon, heilen möge.

Gott, bitte heile dies. Lasse mich Deine Liebe spüren, und alle anerzogene Schüchternheit, Zurückhaltung, so genannte Beißhemmungen gehen, sowie die umgekehrte Variante des Zorns, aggressiven Verhaltens, der Rücksichtslosigkeit, sich in den Mittelpunkt spielen, Aufmerksamkeit erhalten wollen, Sie weichen in uns.

Was spüren wir?
Wie sind wir, wie sind unsere Eltern gelagert?

Wir sollten hierbei auch zweimal bitten, dies in uns zu heilen, zu klären und dadurch mehr Erfolg im Leben, in allen Bereichen des Lebens und Seins zu erfahren.

Alle Beißhemmungen in uns heilen, wir spüren, sobald wir den Weg der Dominanz über andere oder den der Nichtachtung der Bedürfnisse des anderen

Gott ist und wir sind, und wir sind reine Liebe und Gnade, Gott durchströmt uns, wenn er dies wünscht, und er möchte.
Und wir sind Licht.
Und alle Erinnerungen an uns, an unsere Kindheit, heilen. Und wir sind Licht.
Wir sind, die wir sind.
Und wir sind Licht, Ba Ra Sekhem, und ich bin Licht. Dies dürft Ihr sprechen.
Lasst es wirken, und Ihr seid Licht.

wählen, dass dies nicht der Wunsch Gottes ist. Auch dies sollten wir nun lösen. Wir bitten Gott darum.

Spüren wir eine Veränderung, oder tauchen verdrängte Gefühle auf? Dann ist es wahrscheinlich, dass wir projizieren. Dies heißt, unsere unterdrückten Wünsche beispielsweise auf das Außen zu projizieren, sie also unbewusst beim anderen erfüllt wahrzunehmen und die Person aufzuwerten, oder sie ebenso unterdrückt zu spüren und die Person dementsprechend als Projektion des Unbewussten abzuwerten.

Dies muss genauer erklärt werden. Projektion kann in zwei oder mehrere Richtungen weisen.[4] Wir spüren beispielsweise unbewusst Zorn oder Dominanz einer weiteren Person. Reagieren wir mit Projektion, erscheint wie unter einem Brennglas ein Aspekt der Person beachtenswert, ablehnungswert, nachahmenswert, bewundernswert (z. B. Durchsetzungskraft oder Willensstärke). Wie wir etwas bewerten, hängt zum Teil mit unserer Kindheit zusammen. Kennen wir Dominanz von einem Elternteil, kann sie uns in Bezugspersonen im Freundeskreis, bei der Arbeit und oder in Partnerschaft wieder begegnen. Wir projizieren dann unter Umständen unsere Wünsche nach Anerkennung auf diese Person, die uns innerlich an die Mutter oder den Vater oder weitere

---

4 „Projektion ist das Verfolgen eigener Wünsche in anderen." (Sigmund Freud).

*Jesus reicht uns die Hand, und wir sind Licht, und wir danken Jesus, und wir spüren seine Liebe.
Wir sind Licht, und wir sprechen:
Gott, bitte heile mein Innen und Jesus, bitte begleite mich und heile mein Gehirn von allen unrunden Gedanken und Gefühlen, und bitte heile mein Innen.
Ich bin Licht, ich bin Liebe, ich bin Gott selber, und ich heile im Licht der Einheit; ich bin Licht.
Und Gott und Jesus heilen uns. Sie sind Licht ohne Ende, und wir spüren dies. Gott und Jesus durchwirken uns, und wir sind Leben.
Und wir bitten sie darum.*

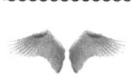

Bezugspersonen erinnert. Diese Personen hat oft einen stärkeren Zugriff auf unser Unbewusstes, indem wir innerlich unsere eigene Größe oder Schwäche falsch einschätzen gelernt haben, und wir messen in Situationen dem anderen einen „zu großen" oder durch Abwehrmechanismen geprägt, „zu geringen" Wert bei. Es kann sich auch um subtile Erwartungen an den anderen handeln, dass diese/r etwas tun soll, um zu genügen, damit es mir gut geht, oder subtiler, damit ich meine (unterdrückte) Freude zum Beispiel oder weitere unterdrückte Gefühle nicht wirklich spüre.

Dann würde ich merken, dass es anderen Personen bessert gelungen ist, erfolgreich, gütig, weise oder liebevoll zu sein, was in mir Gefühle aus der Kindheit hochdrückt, selbst nicht zu genügen; statt auch nach Glück zu streben, führt dies zu Unterdrückung (manchmal auch des anderen, der dies dann innerpsychisch erlaubt).

Ein Beispiel: ein dominanter Mensch wird womöglich Menschen anziehen, die ihm dies erlauben zu leben, sogar Bewunderer. Diese projizieren ihre Wünsche nach Anerkennung auf diese Person, sie ahmen Sie zu Teilen nach, anstatt über dominantes Verhalten sehr differenziert nachzudenken.

Sie lehnen häufig einen Teil in sich selber ab, den sie auch im anderen unterschätzen. Dominanz stammt unter Umständen aus Antriebsstrukturen des Unbe-

Wenn wir innere Annahmen über uns denken, die nicht stimmig sind, so lassen wir sie los.
Gefühle wie Wertlosigkeit, Mutlosigkeit, falsche Glaubenssätze, und wir spüren einmal die Liebe Gottes. Sie wirkt.
Wir lassen alle Meinungen über uns los, die aus dem menschlichen Gewahrsein stammen, und die nicht stimmig sind, auch falls wir uns überschätzen, unterschätzen, andere „falsch" wahrnehmen.
Und wir sind, die wir sind.
Wir sind Liebe, Frieden und Wille. Und wir sind Licht, und wir manifestieren dies.
Und wir sind Liebe, und es heilt.
Wir bitten auch Jesus Sananda zu Hilfe. Und wir sind Licht.
Gott heilt unser Innen, wenn wir darum bitten, und wir bitten darum.

wussten, die wir nun entmustern.

Auch, um in uns selbst Gelassenheit, bis hin zu Selbstverwirklichung ohne Fremdbestimmung zu erleben.

Wir spüren dies:

Gott, bitte heile alle Projektionen aus meinem Unbewussten auf andere Menschen, wie Partner und Partnerinnen, wie auf meine Eltern, auf meine Großeltern, auf meine Kinder, sollte ich sie haben, auf Freunde, auf Verwandte, auf Arbeitskollegen und Kolleginnen. Bitte lass mich deine Liebe spüren und löse alle Deckerinnerungen erneut.
Ich bitte dich auch, alle Wünsche nach Nähe in mir zu heilen. Bitte lasse mich nichts auf meinen Partner/auf meine Partnerin übertragen, und lasse auch ihre/seine Projektionen weichen.
Ich danke dir von Herzen.

Spüren wir eine Veränderung?
Dann sind wir geheilter.

Wir danken Gott erneut und spüren seine Liebe.

Können wir uns vorstellen, die Mutter einmal in den Arm zu nehmen?
Falls nicht, bitten wir Gott um Hilfe.
Wir spüren dies.

Wir lösen alle falschen Wahrnehmungen in uns, alle Bindugsstörungen erneut, und wir spüren die Liebe Gottes. Was wünscht sich Gott für uns?
Dass wir in Licht und Liebe leben und sind, und in Fülle. Wir sind Licht.
Und Gott heilt.
Gott lenkt und wir spüren dies.
Wir sind Licht.
Wir geben ihm das Steuer über unser Sein.
Ba Ra Sekhem. Ägyptisch für hohe Seele, Höchstes Selbst, Bewusstsein, Lebenskraft und -fülle.
Ba Ra Sekhem.

Nun sollte es uns leichter gelingen, die eigene Mutter zu umarmen. Spüren wir noch Widerstände oder sogar Versagensängste?

So sprechen wir erneut:

Gott, bitte heile mein Innen. Bitte lass mich deine Liebe spüren.
Löse in mir alle frühkindlichen Bindungsstörungen und -ängste.

Wir spüren erneut. Können wir nun unsere Mutter umarmen?
Wenn ja, lassen wir dies wirken.

Dann widmen wir uns dem Vater, und unsere Verlassenheitsgefühle gehen.
Können wir ihn auch in den Arm nehmen? Lässt er dies zu?

Wenn nein, bitten wir Gott um Erlaubnis, zwischen uns und unserem eigenen Vater, alle alten Treueide, Schwüre, Gelöbnisse und Treueeide über den Tod hinaus zu lösen, so auch bei der Mutter.

Wir spüren, ob sich nun etwas ändert.
Können wir den Vater umarmen?

Wir lösen auch alle so genannten Sektenmitgliedschaften, Versprechen an die Dunkelheit, manch-

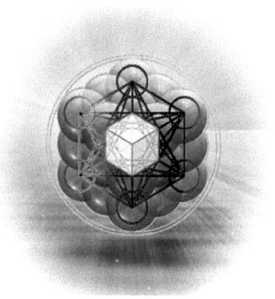

Wir bitten Gott und die Engel um Hilfe. Sie sind unendliche Liebe. Und wir spüren dies.
Wir lassen uns von Ihnen das innere Kind heilen, so zum Beispiel von allen frühkindlichen Bindungsstörungen, falschen Wahrnehmungen zu Gott und dem Leben, zu anderen Menschen. Und wir sind Licht. Alle Sorgen weichen und Ängste, und wir geben Sie einem Engel in die Hand.
Alle Anteile heilen, und so die früheren Leben heilen in uns, wir sind Licht.
Und wir sind, die wir sind, wir sind Licht.
Und wir spüren dies. Unsere Verlassenheitsgefühle weichen erneut. Und wir spüren die Liebe der Engel, sie wirken, und wir sind Licht. Und wir spüren dies erneut.
Und die Engel heilen uns.

mal aus dem Mittelalter, zwischen uns und unseren Vater und unserer Mutter, sowie auch zwischen uns und unseren Großeltern. Diese Eide und Mitgliedschaften in Sekten gehen.
Wir sind frei, frei, ewig frei.

Wir lösen alle Hängungen und Köpfungen, Pistolenschüsse, Pfeile und Bogen und weitere Verletzungen durch Waffen aus allen Leben, die wir jemals erlebt haben, oder die wir anderen antaten.

Wir spüren nun, was sich ändert.

Wir lösen dies erneut, auch mit anderen Seelen, und wir sind Licht.
Wir lösen auch alle Magien, die wir jemals geschworen haben.

Dies geschieht nun.
Spüren wir eine Veränderung?
Spüren wir mehr Gelassenheit?
Und wir spüren erneut, wo etwas blockiert.

Wir können auch eine Energieversöhnung sprechen, sie lautet:

Ich bin, der ich bin.
Ich bin Licht und ich bin Liebe ,ich bin Wille, ich bin Weisheit. Ich bin Gott selber.
Ich bin in meinen Sternentoren, ich bin in Atlantis, in Le-

*Gott lenkt, und wir öffnen uns ganz dem Licht,
wir sind, die wir sind. Und Gott heilt.
Gott, wir lieben Dich und unser Höchstes Selbst.
Wir sind, die wir sind.
Ba Ra Sekhem. Und wir sind Licht.
Und Gott ist, und so sind wir Licht.
Und unser Innen heilt erneut.
Ba Ra Sekhem. Wir spüren dies.*

murien, in Avalon und in Ägypten – denn es gibt keine Zeit.
Und ich bitte nun, dass alles zum höchsten Wohle gefügt werde.
Und ich bin das Ich-Bin-Bewusstsein der Einheit.
Ich bin Liebe.
Ich bitte, dass nur das geschehe, was in der göttlichen Ordnung ist.
Ich bitte die göttliche Urquelle um Hilfe und die geistigen Führer und Lehrer.

Ich bitte die Engel und Erzengelkräfte um Hilfe, die zuständig sind.

Ich begrüße die Seele(n), mit der oder denen eine Energieversöhnung ansteht in Liebe. (Vielleicht nimmst Du wahr, welche Seelen sich zeigen).

Ich vergebe Dir all das, was Du mir je angetan hast in allen Inkarnationen, in Liebe.

Ich bitte Dich um Vergebung, für das, was ich Dir je angetan habe in allen Inkarnationen, in Liebe.

Ich vergebe mir selbst, für das, was ich getan oder nicht getan habe, in allen Inkarnationen, in Liebe.

Ich gebe Dir nun all Deine Energien, Dinge und Fähigkeiten aus allen Dimensionen der Zeit zu Dir zurück. [Bitte warten, bis der Prozess abgeschlossen ist.]

Erzengel Metatron, ich bitte dich, lass mich im Würfel Metatrons erwachen zum Licht.
Und ich bin in Wahrheit dieser Erzengel Metatron, und ich bin Licht.
Ägyptisch: Ba Ra Sekhem.

Und so weicht die Dunkelheit in mir, so dies Gottes Wille ist. Und ich bin Leben.
Ich bin Wille, ich bin Weisheit, ich bin Gott selber.
Ich manifestiere aus dem höcshten Bewusstsein, dass ich Liebe bin, und ich bin Licht.
Ba Ra Sekhem.

Lasst dies nachwirken.

Ich nehme nun all meine Energien, Dinge, Selbstermächtigung und Fähigkeiten aus allen Dimensionen der Zeit zu mir zurück. [Bitte warten, bis der Prozess abgeschlossen ist.]

Ich bitte den Erzengel Michael, alle Verträge, alle Eide, Schwüre, Gelübde, Waffenbrüderschaften, Eheversprechen, Schweige-, und Keuschheitsgelübde zwischen uns aufzuheben. [Bitte warten, bis der Prozess abgeschlossen ist.]
Alle Verträge gehen.

Ich lasse nun alle Wut, alle Enttäuschungen, alle Traurigkeit los.

Ich bitte den Erzengel Michael, jetzt alle Verstrickungen zwischen uns, aus allen Dimensionen der Zeit zu lösen, wie es nun dem höchsten Wohle aller entspricht.

Ich bitte die Engel, Heilenergien in alle Situationen, in alle Dimensionen der Zeit fließen zu lassen, wie es nun dem höchsten Wohle aller entspricht.
Ich bedanke mich bei der göttlichen Urquelle, den Engeln und geistigen Führern und Lehrern, dem Erzengel Michael, bei den Seelen, Gott und unseren Schutzengeln.

Und Ihr nehmt Euer Wissen zu Euch zurück, in Liebe, jetzt. Ba Ra Sekhem.

Unser Johari-Fenster schließt sich, und wir sind Licht.
Und wir sind, die wir sind. Und die Liebe Gottes heilt, und wenn wir uns ganz selbst ernst nehmen, entdecken wir alle Muster und Bindungsstörungen in uns (und manches Mal im Anderen), und wir enttarnen sie, indem wir Gott das Steuer darüber in die Hnad geben, und ihn in tiefer Liebe bitten, diese Muster aus uns zu lösen.
Ägyptisch: Ba Ra Sekhem. Und ich bin, der ich bin. Und wir spüren dies. Unsere Muster weichen.

Wir lösen erneut alle frühkindlichen Bindungsstörungen, und wir sind Licht.

Was fühlen wir?

Fühlen wir uns gut, so können wir diesen Vorgang öfter wiederholen.

Wir fühlen auch bei fortgeschrittener Spiritualisierung, mit welchen Personen wir eine Energieversöhnung machen sollten.

Dieser Vorgang ist sehr heilsam.

Wir können auch bewusst Seelen/Menschen einladen, ob Bezugspersonen, Freunde, oder Arbeitskollegen.

Sobald wir uns öfter mit unseren Mustern auseinandersetzen und sie gleichzeitig in die göttliche Urquelle geben, schließt sich unser so genanntes Johari-Fenster[5].

---

5   Es spielt in der gruppendynamischen Arbeit seit den 1960er, 70er Jahren eine bedeutsame Rolle zur Demonstration der Unterschiede zwischen Selbst- und Fremdwahrnehmung und gehört zum Standardrepertoire gruppendynamischer Modelle und Verfahren. Das Johari-Fenster ist ein Fenster bewusster und unbewusster Persönlichkeits- und Verhaltensmerkmale zwischen einem Selbst und anderen oder einer Gruppe. Entwickelt wurde es 1955 von den amerikanischen Sozialpsychologen Joseph Luft und Harry Ingham. [...] Mit Hilfe des Johari-Fensters

Gott, heile mein Innen und stelle mein Bewusstsein wieder her, es wählt Licht. Und ich bin Licht. Die Mandelkerne heilen und die Spinalganglien. Wir sind, die wir sind.
Und wir heilen auch den Corpus callossum (den Balken zwischen den Gehirnhälften), und wir sind, die wir sind. In den Spinalganglien und in den Mandelkernen werden auch schwere Gefühle erlebt. Sie weichen zum Licht der Einheit in uns selbst, und wir „ziehen" all unsere schlechten Gefühle, Krankheiten, falschen Wahrhaben aus unserem Körper, Kopf und den Spinalganglien heraus, indem wir nun physisch an den Kopf greifen und darum bitten, dass diese nun weichen, wir ziehen sie durch einen Handgriff aus uns heraus, auch mehrfach und heilen dies durch die Engel. Die freiwerdenden Energien gehen zurück an Gott und die Engel, und sie heilen. Wir sind Licht. Ba Ra Sekhem, um dies zu bekunden.

Dies heißt, wir werden gelassener, glücklicher, zufriedener mit uns selber und spüren uns selbst besser.

Unsere Wünsche nehmen wir dann ernst und handeln kongruent, ohne zu projizieren.

Das „Johari-Fenster" bezieht sich auf die Eigenwahrnehmung und die Wahrnehmung durch andere, die wir zur Deckung bringen, zum Beispiel durch folgende Bitte:

Gott, bitte schließe mein so genanntes „Johari-Fenster".

Spüren wir, ob sich etwas verändert, wie es schließt, wie wir uns dann fühlen.

Wir können die Bitte auch wiederholen.

Zur Vertiefung hilft auch folgende Meditation (die auch in dem Buch „Geistiges Heilen" von mir abgedruckt ist).

Nimm wahr, wie Deine inneren Kinder immer Bestandteil Deines Selbst sind. Durch Abtrennungen, Traumata, durch Musterprogramme, durch Übernahme von Glaubenssätzen und durch die sogenannte „Erziehung", im Sinne der Vermittlung fal-

---

wird vor allem der so genannte „blinde Fleck" im Selbstbild eines Menschen illustriert. https://de.wikipedia.org/wiki/Johari-Fenster, abgerufen am 06.05.2019.

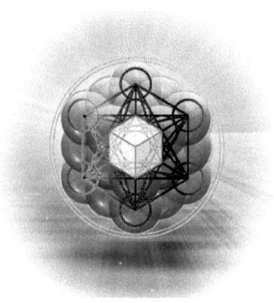

Alle frühkindlichen Bindungsstörungen ziehen wir ebenfalls nun über den Kopf aus uns heraus.

Wir können auch Themen wie Schüchternheit, „falsche Bescheidenheit", Schamgefühle, Dienstbarkeit aus uns herausziehen und sie einem Engel in die Hand geben.
Wir sind, die wir sind.
Alle ererbten Lernthemen weichen ebenso.
Und wir sind Licht.
Und wir spüren dies.
Wir bitten nun die weiß violette Flamme, uns zu durchströmen, und wir lassen dies wirken.
Alle Krankheiten weichen und wir sind, die wir sind.
Und Gott heilt.

scher Wahrnehmungen, können, wie gesagt, innere Kinder sich abgetrennt, alleine, bis hin zu wütend fühlen und Dich „manipulieren", bis Du dies Lernthema erkennst und die Blockaden heilst. Wenn Dein „Lebensfluss" „gebremst" ist, dann deutet dies darauf hin, dass ein innerer Anteil geheilt werden möchte.

Die folgende Meditation solltest Du in diesem Sinne öfter wiederholen, oder immer wieder Deine inneren Anteile und Kinder „anschauen", und fragen, was Sie brauchen und zur Heilung benötigen. Die Meditation ist heilsam – und auch wenn Du bereits fortgeschritten sein solltest in der Arbeit mit Deinen inneren Anteilen, die verletzten inneren Kinder sind Anteile, die stets einer besonders liebevollen Zuwendung bedürfen, und sie sind meist zahlreicher vorhanden, als wir dies denken, denn auch aus früheren Leben können sich Anteile verletzter innerer Kinder zeigen. Dies gilt auch bei der Arbeit mit den Anteilen der Ahnen, auch dort (Stichwort: Kriege, Sektenmitgliedschaften, Waffenbrüderschaften, Kirchenbänne usw.) können „Deine" inneren Kinder verletzt worden sein. Bitte in Liebe um Klärung und Heilung, und Du wirst merken, dass die Ahnen Dir helfen, denn auch sie dürfen hierbei Heilung erfahren.

Erzengel Raphael, ich bitte Dich erneut, mich zu heilen.
Lass mich wissen, wie liebevoll Du bist, und die lichtvolle geistige Welt.
Ich bin Leben, ich bin Licht, und ich bin Wille, und ich manifestiere, aus dem höchsten Bewusstsein, dass ich Liebe bin.

Ägyptisch: Ba Ra Sekhem.
Und wir lösen den Ka der Trennung in uns.
Wir sind, die wir sind. Ba Ra Sekhem.

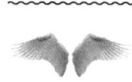

Meditation:
Heilung des inneren Kindes

Mache es Dir sehr bequem und entspanne Dich.

Lasse Dich fallen in die Arme Deiner Seele, lasse Dich tragen von dem Seelenatem, der Du bist.
Du bist Liebe, Du bist Licht – und Du spürst dies, so sei es.

Nimm nun wahr, wie sich eine innere, goldene Tür öffnet, durch die Du trittst.

Nimm wahr, wie Du in dem Raum, der hinter dieser Tür liegt, Dich geborgen und wohl fühlst. Spüre die Liebe, die Du bist.

Nun nimmst Du wahr, dass Du nicht die einzige Person in dem Raum bist – und Du nimmst auch wahr, wie sich in Dir etwas bemerkbar macht, dass Du vielleicht lange Zeit nicht mehr gespürt hast – es ist Dein inneres, göttliches Kind.

Es ist Deine Seele selbst, die zu allen Zeitaltern in Deinem Menschenleben Erlebnisse macht, die sie zur Freude oder auch zur Trennung führt – und so

Und wir spüren die Liebe Gottes, und wir sind Licht. Wenn wir Gott spüren, dann dürfen wir sagen:
Gott, bitte heile mein Sein komplett.
Lass mich aufsteigen und die Liebe Gottes heilt.
Ich bin, der ich bin.
Ich löse alle frühkindlichen Bindungsstörungen erneut, und ich bin Licht.
Ich lebe im Licht der Einheit. Ich bin, der ich bin.
Lassen wir dies wirken.
Und Gott ist Licht und reine Gnade.

kann es sein, und es wird so sein, wenn Du nicht bereits sehr intensiv an Dir und Deinem Weg gearbeitet hast, dass Du die inneren Anteile Deines Kindes noch nicht zur Gänze integriert hast – denn die Trennungen, die in Wahrheit Illusionen sind, haben Dich auch zu Handlungen, zu Mustern, zu Verhalten geführt, das aus den Erfahrungen und Erlebnissen Deiner Kindheit in diesem und in anderen Leben stammt.

Nimm einmal liebevoll wahr, welche Anteile sich nun zeigen. Sie möchten von Dir wahrgenommen werden – und vielleicht spürst Du, welche inneren Kinder sich nun zeigen.

Nimm sie wahr – wie sehen sie aus? Sehen sie traurig aus? Lachen sie? Verstecken sie sich? Möchten sie in den Arm genommen werden?

Gib ihnen das, was sie brauchen, und Du wirst wahrnehmen, was dies ist, denn Du bist diese inneren Kinder – Du hast es vielleicht längere Zeit nur nicht mehr gespürt.

Nun gibst Du Deinen inneren Kindern, den Anteilen Deines inneren, göttlichen Kindes, das die Seele ist, das was sie benötigen.
Wenn Du spürst, dass Deine inneren Kinder vielleicht nicht zu Dir zurück möchten, dann frage sie doch liebevoll – und auch mehrmals, wenn Du diese

*Gott, bitte erlöse alle Blockaden in mir, auch, die meine Eltern „sozial veerbt" haben.
Ich danke Dir und bitte DIch erneut:
Bitte, Gott, lasse alle frühkindlichen Traumen heilen.
Bitte sende Deine Engel auch zur Hilfe, und wenn es erlaubt ist, zu anderen Menschen.
Ich danke Dir von Herzen.*

Meditation machst – was sie sich von Dir wünschen.

Nimm wahr, was dies ist – und dann gibst Du es ihnen, denn Du bist Licht – und Du bist Liebe.

Spüre, was sich verändert, wenn Du Dein inneres Kind oder Deine zahlreichen inneren Kinder zu Dir einlädst und Du ihnen das gibst, was sie benötigen – zum Beispiel Schutz, Liebe, Aufmerksamkeit, Ruhe, Entspanntheit, mehr Zufriedenheit, Glück, denn das ist der natürliche Zustand des inneren, göttlichen Kindes – und Du nimmst dies wahr.

Oftmals werden wir aus Gründen in unserer Kindheit dazu angehalten, uns anzupassen und zu „integrieren". Dies kann bereits zu gewissen Traumata führen, die wir in „erwachsenem" Zustand tief ins Unbewusste verdrängt haben.
Schmerzen über Verletzungen, seien dies körperliche oder seelische, werden, wenn sie nicht sichtbar sind, wenn sie verdrängt werden, zu Blockaden für unseren Lebensfluss.

Und Du nimmst wahr, wo Deine Blockaden in Deiner Kindheit entstanden sind.

Lasse Dir Zeit – und spüre auch die unangenehmen Gefühle, die sich zeigen möchten, damit sie durchlebt und losgelassen werden dürfen.

*Shiva heilt uns. Er ist eine unendliche Kraft. Er ist Liebe und Frieden und heilt unser Innen.
Wir lassen dies zu.
Und wir lieben Shiva.
Wir sind Shiva.
Wir sind die, und wir spüren es, und wir sind Licht.
Wir lassen Shiva in uns wirken, und wir spüren auch dies.
Wir sind, die wir sind.
Und wir dienen Gott und dem Licht.
Gott ist Licht und reine Liebe.
Und wir sind Licht.
Gott heilt, und wir sind, die wir sind.*

Um diesen Prozess zu unterstützen gibt es ein altes Heilungsmantra, und Du kannst es laut oder leise sprechen – *Om tryambakam yajmmahe sugandhim pusti-vardhanam; urvarukam iva bandhanan mrtyor-muksiya mamrtat.*

Die wörtliche Übersetzung: Om. Der Dreiäugige / wir verehren/ Der Duftende / Erhalter der Welt/ Wie eine Gurke / von ihrem Stiel/ Vom Tod / befreie / nicht von der Unsterblichkeit.

Sinngemäß rezitiert man: Om – Wir verehren den dreiäugigen Shiva, der die duftende Essenz ist und alle Wesen ernährt. Mögen wir sein wie die reife Gurke, befreit vom Stiel der Pflanze: Befreit vom Tod zur gesegneten Unsterblichkeit. [Quelle: http://newswatch4u.wordpress.com/2013/07/21/3197/]

Gott Shiva, die göttliche Kraft, die für Veränderungen in uns und in der Welt sorgt, sie trägt Dich während Du die Anteile Deines inneren göttlichen Kindes wieder integrierst – so sei es.

Nun wirst Du die starke Energie wahrnehmen, die aus der Erlösung Deiner Blockaden erwächst – und Du wirst auch Aggression spüren, wenn Du als Kind stärker eingeschränkt wurdest.

Wenn Du sehr starke Einschränkungen erlebt hast – und dies kann der Fall sein, wenn Du Zustände der

Wir sind Leben, ägyptisch: Ankh, und wir spüren die Liebe Gottes. Wir sind Licht.
Und wir lassen die Hieroglyphe wirken in uns. Wir sind Licht.
Ba Ra Sekhem, um dies ägyptisch zu betonen. Das Ankh leuchtet in uns. Und wir spüren die Wirkung.
Sie ist sehr erhaben. Und wir sind Licht.
Ba Ra Sekhem.
Und Gott ist reine Liebe.
Und wir dienen ausschließlich Gott und dem Licht.
Ba Ra Sekhem, um dies erneut zu betonen.

Bedrängnis, der Grenzüberschreitung erlebt hast, wirst Du nun durch eine Variante dieser Erlebnisse geführt, die Dich nicht noch einmal das Trauma erleben lassen sondern Dich nur an die längst verdrängte Erinnerung heranführen – so sei es.

Spüre hinein in diesen Prozess der immensen inneren Heilung, die durch Deine göttlichen Anteile bewirkt wird, denn wo Licht ist, ist kein Schatten – und die Schatten in Dir, sie lichten sich, wenn Du Dich an Dein eigenes, göttliches Licht erinnerst, das Du bist – so sei es.

Sei nun besonders behutsam, wenn Du Dich selbst in diese Situationen zurückgeführt hast – denn es kann nichts Schlimmes geschehen.
Bitte Gott Vater-Mutter, Dich von Deinen tiefen Schmerzen zu erlösen, die Dich gebunden haben an die Dunkelheit, denn dies ist die Dunkelheit – sie ist nichts Abstraktes, sie ist eine Illusion, die Dir gezeigt hatte, dass sie nur dann etwas bewirkt, wenn Du selbst in dieser Illusion verharrst – und Du steigst nun aus dieser Illusion aus, so sei es. Und Du darfst sagen:

Die Dunkelheit ist eine Illusion,
Ich lasse alle Dunkelheit los, ich lasse Dunkelheit gehen.
die Dunkelheit ist eine Illusion,
die Dunkelheit ist eine Illusion,
die Dunkelheit ist eine Illusion, so ist es.

Alle Chakren in uns sind heil, wenn wir dies erlauben, und wir erlauben dies.
Wir sind Licht.
Und ägyptisch heißt dies:
Ich bin Ankh und Licht und Leben, und in mir gibt es keine Trennungen. Und ich lebe im Licht der Einheit.
Ich löse nun alle Chakren und spüre dies.
Ich bin frei.
Und ich spüre dies. Wir danken Gott und den Engeln.

Wenn Du nun, nachdem Du die Worte gesprochen hast, wahrnimmst, wie sich in Dir göttliches, heilendes Licht ausbreitet, wirst Du feststellen, dass Du in Dir immer ganz bist – Du suchtest vielleicht im Außen nach der Heilung, oder aber nach Ersatz für Deine unbefriedigten Bedürfnisse des ganz Angenommen-Seins, des ganz Geliebt-Seins. Du bist und warst immer ganz geliebt, ganz angenommen, ganz heil – Du bist und warst immer Gott selber.

Nun wirst Du spüren, dass Dich das göttliche Licht, das Du bist, ganz erfüllt und Deine inneren Verletzungen heilt, die nun geheilt werden dürfen, denn dies geschieht zu Deinem höchsten Wohle, so ist es.

Dieser Vorgang ist ein besonders schöner und intensiver, da er das Geschenk beinhaltet, seine tiefen Verletzungen zu erlösen.

Sind wir als innere Kinder, Rebellen und im Zorn, oder im Einklang? Wollen wir, „wie die Erwachsenen" sein?

Stellt Euch einmal diese Frage – oder hofft Ihr lieb zu sein, oder zu wirken, um Anerkennung zu erhalten?
Wie fühlt es sich an, „angepasst" zu sein? Wie fühlt es sich an, frei zu sein?
Möchtet Ihr wieder draußen herum toben und unbefangen Euren Tag erleben?

*Spüre, und Du bist Licht.
Und ich bin, der ich bin.
Und Gott ist reine Liebe, und wir sind Licht.
Got heilt uns, und wir spüren die Liebe Gottes, der wir selbst sind.
Und wir spüren erneut, wo unser inneres Kind noch nicht geheilt ist.
Und wir holen alle verletzten Anteile des inneren Kindes (auch sehr verletzte), hervor, auch hinter unserem Rücken. Und Gott heilt sie, so dies sein Wille ist.
Und wir bitten sie uns zu zeigen, was sie verletzt hat, um ihnen all die Liebe zu geben, die sie brauchen, und wir geben ihnen dies. Liebe und Frieden und Schutz und Geborgenheit. Lassen wir dies zu.*

Möchtet Ihr Regeln akzeptieren, um wie andere zu sein oder zu wirken?

Möchten andere, dass Ihr „so" seid?

Ich lösche die falschen Wahrhaben – und Ihr seid das Ich-Bin-Bewusstsein. Und Ihr nehmt Euch wahr als liebevolle Wesen.

In Wahrheit gilt es zu akzeptieren, dass Du das Leben und die Liebe, die Du bist, immer wieder in die Einheit rückst. Die Wahrheit ist: keine Verletzung, die Dich als Kind oder als Erwachsener getroffen zu haben scheint, ist unheilbar – im Gegenteil: in Wahrheit ist nur die Liebe existent, die Du bist und die Gott ist – und diese Liebe heilt alles in Dir, so sei es.

Spüre Gott Shiva, Gott Vater-Mutter, den heilenden Aspekt zur Veränderung in Dir, und er ermöglicht Dir nun aufzusteigen in Dein hohes, lichtes Bewusstsein, das Du bist – so sei es.

Die Meditation wird noch nachklingen in Dir – und so sprich noch einmal das Mantra, das den wilden

Aspekt Shivas anruft, um zur Heilung und Regeneration – zur Veränderung zum Licht zu führen:

Om tryambakam yajmmahe sugandhim pusti–vardhanam; urvarukam iva bandhanan mrtyormuksiya

*Wir sind Licht - und darum sprechen wir:
Ich bitte Dich, Gott, offenbare mir die Schwingung der Einheit in mir. Ich bin Licht.
Lass mich Liebe sein. Offenbare mir, wie ich aus dieser Einheit heraus wirken und manifestieren kann.
Bitte erlaube mir dies:*

*Ich verbinde mein höchstes Bewusstsein mit dem „niedrigsten", dem materiellen. Oben wie unten, innen wie außen.
Ich bin auf allen Instanzen anwesend, und ich manifestiere, dass ich von nun an aus diesem Bewusstsein wirken kann.
Bitte erlaube mir, meine Kraft nun einzusetzen um eine Manifestation aus dem hohen Liebesbewusstsein zu tätigen, das ich bin.*

*Ich manifestiere, dass ich nunmehr die Seelenverschmelzung vornehme und durch diese Verbindung des Höchsten mit dem Niedrigsten meine Manifestationsenergie auf allen Instanzen zur Wirkung bringe.
So sei es. So ist es.*

Gott selber

mamrtat.

So sei es.

(Es spielt keine Rolle, ob Du den genauen Wortlaut des Mantras kennst oder die Worte in ihrer Landessprache aussprichst – es gibt eine sehr schöne Version dieses Mantras im Internet – gesungen von dem Niederländer Hein Braat: hier kannst Du es hören:

youtu.be/AmsPdQlEy2c

Außerdem habe ich auf meiner Internetseite weitere Informationen und eine tiefgehende Meditation zur Verschmelzung mit dem Höheren Selbst gesprochen, die mit diesem Mantra unterlegt ist.
Zur Unterstützung sei Dir auch diese Meditation empfohlen:

www.christian-huels.de/bilder/hoeheres_selbst_atlantis.mp3

und Informationen auf meinem Blog:

spirit.fotografie-huels.de/2014/09/09/297/

Und die inneren Kinder heilen.
Ba Ra Sekhem.

Muster lösen / Black-Box heilen

Nun spüren wir unsere Muster, die noch nicht „erlöst" sind.

Wir „ziehen" mithilfe der göttlichen Urquelle diese Muster aus unserem Kopf.

Wir lassen sie los, geben Sie in die Hände der göttlichen Urquelle und bitten, dass sie gelöst werden und heilsame Muster, die dem Licht dienen, verstärkt werden.

Dieser Vorgang kann Minuten dauern, und wir geben uns die Zeit.

Wir stellen uns unser Gehirn einmal als eine Black-Box vor und schauen uns diese Box an.
Wie sieht sie aus? Haben wir Zugang zu ihrem inneren?

Wir bitten Gott jetzt darum. Was sehen wir dort?

Ist es hell und klar, oder „dunkel"?

Sehen wir eine Art Uhrwerk, oder irrige Annahmen

über das Leben oder andere?
Sie können sich als Anteile herausstellen, die nicht geheilt sind.

Wir bitten Sie durch Gott und die Engel und Erzengel sowie die aufgestiegenen Meisterinnen und Meister zu heilen.
Wir spüren wie sie sich verändern, was sie „benötigen".

Wir geben es Ihnen und bitten Gott, die Engel und Erzengel und Meisterinnen und Meister zu wirken und zu heilen und klären.

Wir spüren die Liebe Gottes. Sie wirkt.

Wir können sprechen:

Ich bitte dich, Gott mein Gehirn zu heilen von allen Bindungsstörungen, falschen Wahrnehmungen, von allen Urteilen, Annahmen über andere und die Welt und das Leben, erneut von allen Projektionen, und ich danke Dir und den Meisterinnen und Meistern, den Engeln und Erzengeln von Herzen.

Gott lenkt unser Unbewusstes zum Licht.
Wir spüren dies.

Und wir dürfen Gott erneut danken.

Spürt die Liebe Gottes, und die Anteile in Euch sind heil.
Wir sind Licht. Und wir sind, die wir sind.
Und alle „frühkindlichen Bindugsstörungen" sind Illusionen.
Sprecht dies drei mal oder mehrfach:
Alle „frühkindlichen Bindugsstörungen" sind Illusionen. Ba Ra Sekhem.
Und wir sind Licht.
Ba Ra Sekhem. Und Gott heilt.
Er oder sie ist weder männlich noch weiblich.
Und wir heilen in Licht der Einheit.
Ba Ra Sekhem.

Gott selber

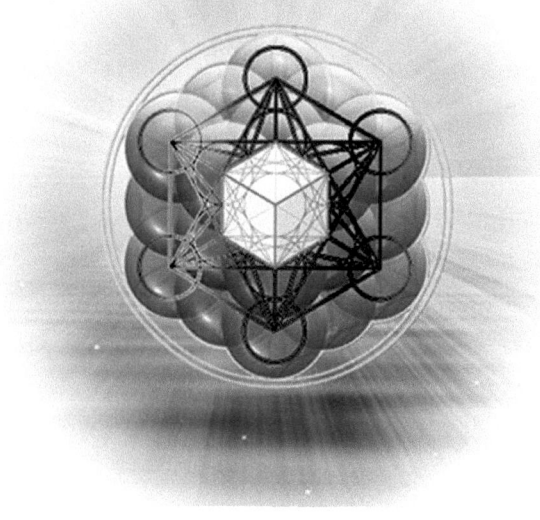

Sieht unsere Black-Box nun lichtvoller aus?
Liebevoller, „gleichmäßiger"?

Wir lösen auch alte Verstrickungen mit dem Massenbewusstsein in uns.

Hierzu bitten wir erneut:

Gott, bitte löse alle Verstrickungen mit dem Massenbewusstsein, bitte löse alle Glaubenssätze, bitte lasse mich an Deiner Liebe teilhaben. Bitte löse die Verbindungen zur Dunkelheit in mir, ich bin Licht. Ich danke dir von Herzen.

Wie sieht nun die Box aus?
Ist sie heil?
Wenn nicht, bitten wir erneut:

Gott, bitte löse alle Ängste und Verstrickungen in mir, löse alle Eide und Bünde aus früheren leben. Und lass mich Deine Liebe spüren. Ich bin Licht. Mein Gehirn heilt.

Danke, können wir sprechen.

Wir sind Licht, und wir leben in der Einheit selber, die wir in Wahrheit nie verließen. Wir spüren dies, und alle unterdrückten Gefühle heilen, alle Bindungsstörungen und alle Unterdrückung gehen. Wir sind Licht.

Wir sind Licht und Leben, und Gott heilt. Wir sind Leben. Und wir spüren die Liebe Gottes. Und Gott heilt. Alles ist Licht, und die Erde heilt. Wir sind, die wir sind.
Und wir sind Leben, ägyptisch: Ba Ra Sekhem. Und Gott ist.

Gott selber

Wir bitten auch, dass alle Ängste gehen, und erneut sprechen wir:

Gott, bitte heile mein Innen, lass mich Deine Liebe spüren und heile alle Ängste, alle „Klammern", die mein Licht verdecken, und ich bin Licht. Ich bin, der ich bin.

Wir lassen dies wirken und spüren erneut die Black-Box, ist sie heil, licht und ohne Angst?

Dann sind wir heil.

Wir binden uns nun an Gott selber an, der wir in aller letzter Instanz selbst sind.
Dies geschieht. Und wir sind, die wir sind.

Und wir spüren dies.
Unser Gehirn heilt, Gott reicht uns die Hand, und wir spüren die Liebe Gottes.

Wir sind Licht.
Gott heilt in uns, und wir sind Licht, wir sind, die wir sind.
Und wir spüren dies.
Wir spüren die Liebe Gottes.

Und sie heilt. Und alles ist Licht.

Nehmen wir wahr, wie liebevoll wir in Wahrheit sind?
Wir sind reine Liebe und Frieden.

Alles ist Licht.

Gott selber

Und die Seele und Gott selbst verbinden sich tief mit uns; die göttliche Urquelle reicht uns die Hand, und wir sind Licht.

Wir spüren die Liebe erneut, und wir sind das Wir-Sind-Bewusstsein.

Erzengel Raphael, wir rufen Dich, dies dürfen wir sagen.
Und wir bitten ihn um Hilfe.
Sowohl bei physischen Leiden können wir ihn bitten, uns zu helfen, als auch zur Liebe Gottes fortzuschreiten.
Und wir sind die Liebe Gottes, und wir spüren diese Liebe in uns, und wir sind, die wir sind.

Jetzt nehmen wir wahr, wie Gott unser Gehirn erleuchtet.
Er oder sie nimmt es in die Hände und heilt es erneut.

Bitte Gott, lass mich Deine Liebe spüren, erleuchte alles in mir. Auch die Erzengel rufe ich und binde mich an, an Gott selber.

Ich bin Licht.

Wir sind erleuchtet, wenn wir dies wünschen, und Gott ist unendliche Liebe und Gnade.

Wir senden nur Liebe in die Welt, und wir spüren die Liebe Gottes.
Wir sind Licht.

Und wir nehmen unser inneres Kind in den Arm, und spüren seine Liebe.
Gott ist, und wir sind, die wir sind.

Ba Ra Sekhem, um dies ägyptisch zu betonen.

Wir spüren die Liebe und den Frieden erneut, und wir senden an Gott nur Liebe, und die Erde ist in uns enthalten. Wir sind auch dieser Planet, und wir bitten Mutter Erde uns zu heilen und zu tragen, und wir spüren, wie tief wir mit ihr in Berührung sind.
Wir sind Licht.
Und wir spüren ihre Liebe.

Und wir sind Liebe.
Und die Erde heilt in uns.

Wir sind Gott selber, und so sind wir auch Mutter Erde. Sozusagen, denn wir sind Seelen und Höchste Selbste, die auf diesem Planeten Erlebnisse machen, und wir steigen auf.
Wir sind, die wir sind.
Und Gott heilt.

Wir bitten auch Metatron, den Erzengel, den Sephirot Kether, die Krone am Baum des Lebens zu

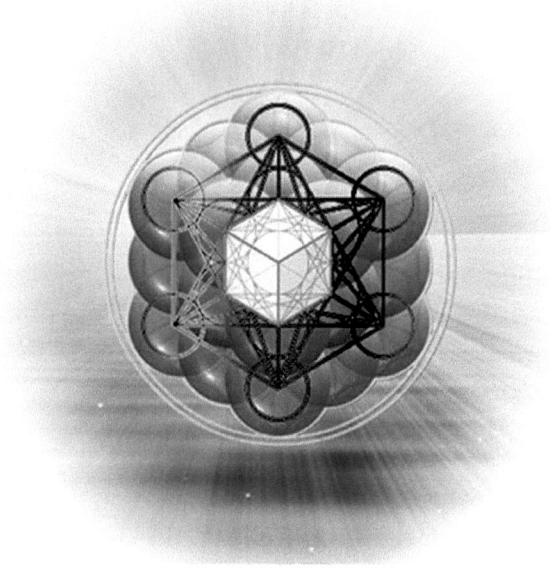

heilen, uns mehr Erleuchtung zu ermöglichen, und uns mit der heiligen Geometrie zu verbinden. Wir sind Licht. Und wir sind, die wir sind.

Und wir heilen dies erneut, denn wir sind Leben. Und Mutter Erde reicht uns die Hand, die wir in Wahrheit selbst sind, und die uns trägt, und ermöglicht, zu heilen, und auf diesem Planeten Eins-Sein zu erfühlen und durch Gott zu erleben.

Wir sind physisches Sein, das Illusion ist, und nur die metaphysische Realität, die sich im Leben ausdrückt, ist die wahre Einheit, die wir nie verließen, und sie ist Licht.

Tiefer spüren

Wie heilen wir unser Gehirn tiefer?
Wir vergeben unseren Eltern erneut und setzen uns mit unseren Eltern auseinander.
Haben wir in unserem Gehirn Trainings hinter uns, sind zum Beispiel angepasst? Sind anerzogen brav und nach außen ruhig, innen meist unruhiger, nervös?

Dann spüren wir erneut die Liebe Gottes, und wir heilen unsere Beziehung zu uns selbst mit Gott und den Engeln und Erzengeln erneut.
Wir lösen alle anerzogenen Beißhemmungen und Glaubenssätze durch folgende Bitte an Gott:

Gott, bitte erlöse mein Unbewusstes von allen Beißhemmungen sowie allen „Trennungen" von meinem wahren Selbst, die Erziehung in mir bewirkt hat.

Gott, bitte erlöse mich aus allem Unbewussten und bringe es in die Heilung.

Gott, bitte erlöse alle frühkindlichen Ängste in mir und alle Versteckspiele, die ich mir antat. Ich bin Licht, ich bin Liebe, ich bin Gott selber, und ich liebe Gott selber.

Ich spüre die Liebe Gottes und ich lebe im Licht der Einheit.

Ich bin, der ich bin.

Und ich bin Licht.

Spüren wir die Liebe Gottes, und sie heilt.

Wir können erneut bitten, dass Gott unser Unbewusstes von allen Neurosen heilt; dies sind auch Wiederholungen von Problemen, meist aus der frühen und frühsten Kindheit, die eine Verschiebung ins Unbewusste und eine Art „Umcodierung" erfahren. So zum Beispiel Essstörungen, anerzogener Autismus, Komplexe, Verhaltens- & bindungsschwächen.

So können wir zum Beispiel Masken vor uns selbst und anderen tragen, die zu inneren Gefängnissen werden.
Wir sprechen zur Erlösung:

Gott, bitte heile alle neurotischen Probleme in mir. Bitte löse alle „Masken", die ich vor anderen trage, löse Bindungsschwächen, Verhaltensschwächen, und Rollenspiele.

Ich bin Licht.

Wir können diese Bitte auch mehrfach sprechen.

Bitte Gott, erlöse auch alle symbiotischen Beziehungsschwächen, die aus der frühester Kindheit stammen. Ich bin Licht.

Am schönsten ist es, ein Gespür für eventuell vorhandene neurotische, psychotische, histrionische, narzisstische, ängstlich-vermeidende und andere Problematiken in sich zu spüren.

Hierzu müssten wir eine Vorstellung von den Bildern dieser Problematiken haben.

Wir können dies „erchanneln".

Wir gehen beispielsweise über folgende Schlagwörter mit dem Finger und spüren, wo wir durch unsere Seele gesteuert, leichte oder schwerere Probleme in uns tragen, und auf der anderen Seite mehr Heilung benötigen. Wir werden geführt, dürfen dies auch mehrmals wiederholen. Spüren wir also richtig:

- Vaterthema
- Mutterthema
- Narzissmus
- Hysterisch/histrionisch
- Cholerisch

- Masken tragend
- Ängstlich vermeidend
- Zwänge
- Dependend (abhängig vom Anderen)
- Ängste
- Neurose
- Psychose
- Bindungsstörung
- Selbst-Sucht
- Affektstörung
- Enthemmt

- „Weltflucht"
- passives Verhalten
- aggressives Verhalten / Wahrnehmen
- Strukturelle Störung
- Strukturniveau erhöhen
- Erlernte Hilflosigkeit
- „Beißhemmung"
- Gestörte Selbstwahrnehmung
- „Selbst-Blindheit" Stichwort: Meine Welt geht unter (z. B. in Beziehungen)
- Falsche Introjekte
- Übersteigerte Wahrnehmung (Antennen beim anderen statt bei sich selbst; Stichwort: *emotionaler Missbrauch*, sexualisierte Gewalterfahrung)
- Abgespaltene Anteile (Wiederholung tiefer, psychotischer Gefühle und Missbrauchserfahrungen)
- Aus früheren Leben stammend (Bann, Flüche, Glaubenssätze, Magien, Orts- und/oder Stammesmagien, Sektenmitgliedschaften, etc.)

- Selbstvergessenheit
- Selbstliebe
- Heilung
- Erfahrung von Liebe & Akzeptanz
- Nähe zu sich selber
- Resilienz
- Erfahrung von geheilter Männlichkeit und Weiblichkeit
- Transzendenz
- Klärung von Anteilen

- Klärung früherer Leben
- Gott selbst
- Hilfe und Fürsorge
- Engel und Erzengel heilen
- Mitgefühl
- Trauma-Lösung

Jetzt bitten wir Gott um Heilung der Problematiken, zu der uns unsere Seele und Gott führten.

Wir bitten in tiefer Liebe und Demut, dass wir alle frühkindlichen Bindungsschwächen lösen dürfen, alle Verlassenheitsgefühle weichen.

Ich bitte Dich, Gott, lass mich durch deine Liebe und die Allmacht spüren, die ich bin. Bitte erlöse die psychotischen Beziehungsmuster in mir, und alle „Schwächen", die einer Wiederholung, einer Unterdrückung, einer Neurose oder Psychose in mir „dienen".
Lass mich alle Beißhemmungen lösen, lass mich deine Liebe spüren.
Ich bin, der ich bin.

Spüre ich, wie sich die Problematik in mir geäußert hatte (meist auf „Umwegen", zum Beispiel in mangelnder Anteilnahme, Selbstachtung oder in anerzogenem Alleinsein in sich selber, anerzogenem Autismus, mangelnder Selbstliebe und „rätselhaftem"

*Wir lösen all unsere Glaubenssätze im Licht
der Einheit. Und wir sind Licht.
Wir sind, die wir sind.
Und Gott heilt.
Wir sind Licht.
Ba Ra Sekhem.
Und wir danken Gott von ganzem Herzen.*

Verhalten anderen gegenüber)?

Wir sprechen: *Gott, bitte lass mich deine Liebe spüren, und heile dies erneut in mir. Lass mich am so genannten Aufstieg teilhaben, und ich bin Licht. Bitte löse allen anerzogenen Ballast, Autismus, Verhaltensweisen, die neurotische, begrenzende und psychotische Züge aufweisen.*

Wie fühlt sich mein Gehirn nun an?
Lässt es die Liebe nun zu?

Wir danken Gott und den Engeln und Erzengeln, und wir sind, die wir sind.
Und wir spüren unser Gehirn erneut. Lässt es Gott wirken? Lässt es „sich" lieben?

Nun bitten wir Gott, dass dies geschehe. Und wir sind Licht.
Und wir sind Liebe.

Und wir werden erleuchtet.
Und wir spüren dies.
Gott heilt. Und wir sind Licht.
Und wir spüren die Liebe, die wir sind, und wir sind Licht, und wir lassen unser Gehirn „leuchten", es ist Licht.

Gott, bitte erlöse mein Innen, lass mich Deine Liebe spüren, und ich bin Licht.

*Gott durchströmt all unsere Zellen und heilt
die DNA, die Spuren der Verletzungen vergangener Generationen in sich tragen kann.
Wir bitten Gott darum.
Und wir heilen im Licht der Einheit.
Und alles ist Licht.
Gott heilt, und wir sind.
Danke, Gott, der wir in Wahrheit selbst sind.*

Und ich bitte Dich, erhöhe mein Leben.
Lass die Engel und Erzengel in mir wirken, und ich bin Licht.
Und die Erde ist ein altes Gebilde, das heilt.
Die Erde ist Licht, und wir spüren die Erde.
Wir sind Licht. Und Gott ist reine Liebe und Gnade, und er oder sie ist die Heilung.
Wir widmen nun der Triade Aufmerksamkeit, die durch unzählige Faktoren gehemmt, gefördert, sozusagen ein geheilter(es) Selbst hervorbringen kann. Die Triade meint das Verhältnis zwischen Vater, Mutter und Kind und auch den Geschwistern und Eltern, im weiteren Sinne: Großeltern und Kind.[6] Sind wir beispielhaft der oder die Erstgeborene, kann, so Alfred Adler[7], eine andere Rollenerwartung auf

---

6 „Triaden – oder genauer: die Erfahrungen in einer Triade – haben eine besondere und grundlegende Bedeutung für die Entwicklung von Werten und Normen sowie für die Entwicklung von Gefühlen und Gefühls- wie Verhaltensmustern. Triaden leben und entwickeln sich nach eigenen Mustern und Regeln. Diese Regeln sind einerseits abhängig vom Typ der Triade (die Triade Vater-Mutter-Kind beinhaltet andere Muster als die Triade Großvater-Vater-Sohn), andererseits von familien- und situationsspezifischen Umständen. Zwischen Vater und Mutter spielt zusätzlich die Familienkultur in der Herkunftsfamilie des Vaters und der der Mutter eine wesentliche Rolle. Bedeutsam ist auch, wie gut es gelingt, die beiden Kulturen zu vereinigen." https://de.wikipedia.org/wiki/Triade_(Familientherapie), abgerufen am 06.05.2019.

7 Adler, Alfred: Menschenkenntnis, 1927, online: https://www.textlog.de/alfred-adler-menschenkenntnis.html, abgerufen: 06.05.2019.

*Wir lösen alle „Zellerinnerungen", die mit
Stress, Trauma, oder sonstigen Gewohnheiten
und Belastungen zu tun haben.
Wir lösen unseren „Schmerzkörper", so dies
Gottes Wille ist.
Gott ist, und wir sind Licht.
Ba Ra Sekhem.
Und alle Anteile heilen.*

~~~~~

den oder die Zweit- oder Drittgeborenen lasten, die meist mit weniger Verantwortung, aber manchmal auch mit weniger Beachtung durch die Eltern verbunden ist, und insofern andere Verhaltensmuster und Introjekte auf die Kinder übertragen kann.

Dies ist im Einzelfall zu prüfen. Zunächst meint die Stellung innerhalb der Familie, ihr eine besondere Beachtung zu schenken, und die Verantwortungen und Erwartungen zu prüfen. Dies kann zum Beispiel durch so genannte Familienaufstellungen geschehen. Sind die Erstgeborenen „frei" von Verantwortung (für die weiteren Geschwister und die Eltern)? Welche Vermeidungsstrategien und welche Kompensationsmechanismen haben sie entwickelt?

Vermeidungsstrategien können sein, sich nicht die Freiheit zu gönnen, mehr Verantwortung zu übernehmen, auch für andere. Es können auch andere Vermeidungsstrategien sein, dies wäre zu erforschen).

Sind die Zweitgeborenen in diesem Sinne „freier", oder wollen sie in Konkurrenz zum Erstgeborenen treten, der vielleicht tiefer im Zentrum der Aufmerksamkeit gestanden hat während der Entwicklung. Oder kompensieren sie stärker unbewältigte „Minderwertigkeitsgefühle"? Dies wäre zu analysieren.

Wie machen wir dies genau? Wir fragen uns:

Gibt es Früh- Fehlgeburten, Vermisste und/oder Tote im Familiensystem – entweder direkt in der Kleinfamilie oder im weiteren Umfeld, über die zudem geschwiegen wurde?

Wir stellen die Geburtsreihenfolge wieder her, lösen oder heilen alle Fehlgeburten, auch in unserer Zellerinnerung. Und wir heilen unsere Geburt durch Gott und die Engel.

*Wir sprechen in Liebe und Dankbarkeit:
Ich bin Licht, ich bin Liebe, ich bin Wille & Weisheit, ich bin Gott selber, bitte erlaube mir, Gott, alle Geburtstraumen zu heilen, alle Fehlgeburten zu „heilen" und Gelassenheit & Frieden wieder einkehren zu lassen in mir (und meinen Eltern, so dies erlaubt ist).
Lass mich alle Familiengeheimnisse lüften.
Ich bin Licht.*

Dann lastet meist die (verdrängte) Erinnerung, bis hin zu der Seele, die den Weg in das Licht nicht gefunden haben kann, eine Art Schuldgefühl auf der Familie, vielleicht unterdrückte Wut, Trauer oder Schmerz, der nicht verarbeitet worden ist.

Oder es handelt sich um übertragene Ängste auf erst- oder zweitgeborene Kinder, so es Fehl- oder Frühgeburten gab, die zu klären wären. Wir bitten Gott um Hilfe und senden alle Fehlgeburten in das Licht durch die Engel und Erzengeln und aufgestiegenen Meisterinnen und Meister, und wir sind Licht. Alle „erdgebundenen" Seelen weichen und verlassen das Feld, und wir bitten Gott um Hilfe, und sie sind bereits im Licht und im Leben. Wir sprechen *Ba Ra Sekhem,* um dies zu betonen.

Wir senden nun alle Seelen in das Licht, mit Hilfe der Kraft Gottes, der Engel und Erzengel, und wiederholen es: *wir sind Ba Ra Sekhem.*

Auch die innerpsychische Triade, sie heilt; von Schuldgefühlen, Verantwortungsgefühlen für andere, von so genannten Klammern, Angstgefühlen, Schuldzuweisungen, Inanspruchnahme der Kinder zu Gunsten des oder der Erwachsenen, und wir bitten Gott, auch alle Dunkelheit in uns zu lösen.
Wir lösen alle Rollenmodelle, die mit der Kindheit zusammenhängen, und wir werden oder sind innerlich frei.

Wir lösen alle Übertragungen aus der frühen Kindheit erneut, die unsere Eltern oder Großeltern gemacht haben, erneut. Wir sind, die wir sind, und wir sind Licht.
Und wir heilen in unserem limbischen System die sogenannte Urwunde allen Seins, hier Verletzungen und Trennungen, auch psychologischer Natur erleben zu können.
Wir sind Licht.
Ba Ra Sekhem, um dies ägyptisch zu betonen.

Auch übernehmen manchmal Kinder die Rolle von Bezugspersonen (bis hin zu Partnerersatz in innerpsychischer Weise) – auch dies heilen wir durch Gott und die Engel und Erzengel in uns.
Wir sind Licht.
Auch die Triade heilt, sie ist eine wunderschöne Einheit in der Vielheit der Menschen, und wir sind Licht.

Sollten Kinder geschlagen worden sein, stellen sich in der Folge Gefühle von Hilflosigkeit, Trauer, Ohnmacht und Wut ein, die auch spätere Hemmnisse darstellen. Wir heilen diese tiefen Verletzungen des Kindes durch Gott, indem wir ihn oder sie bitten:

Gott, bitte stelle mein Vertrauen zum Leben wieder her. Ich bitte Dich, alle Wunden, die meine Eltern erzeugt haben, nun zu heilen, und die Anteile in mir hervortreten zu lassen, die diese tiefe Verletzung ertragen haben (sollte sie geschehen sein).
Ich spüre Deine Liebe, und bitte, dass die Anteile heilen. Ich spüre, was sie benötigen, ob sie wütend, traurig sind, oder mit Rückzug reagiert haben. Ich bin Licht, ich bin Liebe, ich bin Wille, ich bin Weisheit, und ich manifestiere aus dem höchsten Bewusstsein, dass ich Liebe bin. Heilig ist der Herr der Heerscharen. Ich bin, der ich bin. Ich bitte die Engel und Erzengel zu Hilfe und ich bin Licht.
Bitte lasst diese Anteile erneut heilen. Ich bin Licht.

Spüren wir, ob wir uns leichter und heiler fühlen.

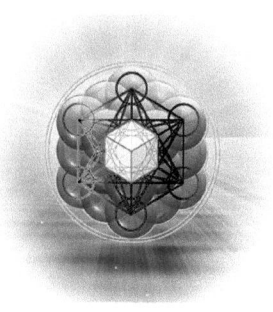

*Wir heilen unser Zellgedächtnis erneut durch Gott und die Engel.
Wir dürfen so sein, wie wir möchten.
Dies fließt zu uns.
Und wir spüren dies.
Es heilt und Gott lenkt.*

Sollten die Anteile Schutz benötigen, so gebe ich sie ihnen und begebe mich mit Gottes Hilfe erneut in die erlebte Situation, die in meinem limbischen System zu Wiederholungen (erlernter Hilflosigkeit, Opferhaltungen, Traurigkeit oder Depression und Erfahrung von Mangel und Ohnmacht) führen könnte, oder die mir Menschen anziehen kann, die dies spiegeln.
Ich bitte Gott um Hilfe, der ich in Wahrheit selbst bin. Ich erlöse mich erneut, aus aller selbst erzeugten oder fremd erzeugten Ohnmacht und ich verändere die Situationen in mir durch folgende Bitte:

Ich bin in meinem Raum. Ich bitte Gott zu Hilfe, der ich selbst bin. Gott, bitte erhöhe mein Sein, lass mich Deine Liebe spüren, und ich bin, der ich bin.
Ich bitte Gott und die Engel alle selbst anerzogene Strenge zu heilen, alles damit verbundene Phlegma, alle Glaubenssätze, die meinem Licht nicht dienen, alle Abwehrmechanismen, die ich danach erzeugt habe. Bitte lasse mich in Licht und Liebe leben, und ich bin, der ich bin.
Bitte löse alle Traumen in mir, und ich bin, der ich bin.
Ich bin Licht. Ich bin Liebe, ich bin Wille & Weisheit, und ich bin das Ich-Bin-Bewusstsein.
Mein limbisches System heilt. Und ich löse erneut alle vermeintlich oder tatsächlich (z. B. durch Geschlagenwordensein erzeugten) Glaubenssätze, Unruhe, Angespanntheit, Weltfluchten und Nervositäten.
Ich bin Licht.

Unsere „Psychosen" oder „Neurosen" heilen.
Wir sprechen in Liebe und Verbundenheit:
Gott, bitte erlöse dies. Und ich bin Licht und spüre die Liebe Gottes.
Mein Unbewusstes heilt.
Und ich bin Licht, ich bin, der ich bin.
Gott liebt uns unendlich, und in seinem/ihrem Licht und Glanz sind wir gewünscht, geliebt, sicher und mit Gott eins.
Ich bin Licht.
Lassen wir Gott durch uns wirken, und wir sind Licht.

Ich löse alle Traumen in mir, und ich bin Liebe.
Ägyptisch: Ba Ra Sekhem.
Ich löse alle anerworbenen Bindungsschwächen in mir, und ich bin Licht.
Ich löse auch alle Wut, die damit zusammenhängt, und ich löse mich aus allen Zwängen und erzieherischen Mitteln, die meine Eltern oder Großeltern an mir verübt haben.
Ich bin Licht.
Und ich bin ewig frei.
Mein limbisches System heilt durch Gott und die Engel.
Und ich bin Licht.
Heilig ist der Herr der Heerscharen. Und ich bin, der ich bin.

Wir lösen erneut alle Traumen und die darin „gefangene" Wut, Ohnmacht und mangelndes Glück.

Wir sind, die wir sind. Ba Ra Sekhem.

Was spüren wir? Sind wir frei von Traumen, Schuldgefühlen, erlernter Hilflosigkeit und Gefühlen von Ohnmacht?
(Vielleicht solltest Du diesen Abschnitt auch mehrfach lesen und spüren, was sich verändert).

Sollten sie erneut auftreten, lösen wir alle damit zusammenhängende Ängste aus dem Unbewussten, Deckerinnerungen, Verhaltensproblematiken, schlechte Affektregulationsmodelle, so genannte

Gott heilt unser Innen, wenn wir ihn darum in tiefer Liebe bitten. Dies tun wir.
Bitte Gott, heile die Beziehung zu mir selbst.
Lass mich Deine Nähe und Liebe spüren.
Ich bin Licht.
Und ich bin Leben.
Und alles ist Licht, und so bin ich in Wahrheit Gott selber.
Und Gott heilt in mir.

Traumblasen und Drehkreisschwindel, die mit Traumen (leiblichen wie psychologischen) zusammenhängen, indem wir sprechen:

Heilig ist der Herr der Heerscharen, ich bin, der ich bin, ich erlaube mir selbst, mit Gott und den Engeln alle Traumen in mir zu lösen, egal ob sie Unfälle, physische Vorfälle und/oder innerpsysische Mechanismen zu Grunde liegen haben.

Gott, bitte heile mein Innen, und ich bin Licht.

Ich bin Licht, ich bin Liebe, und ich manifestiere aus dem höchsten Bewusstsein, dass ich Liebe bin.

Zu mir tritt ein hoher Erzengel, es ist der Erzengel Gabriel, der nun die Traumen in mir heilt, und mich wie auf Wolken durch den Himmel, heraus aus Traumablasen, Unfällen und Schockzuständen fliegen lässt.
Und wir lösen alle Schocks und Traumen gemeinsam.
Wir vergeben auch Verursachern unserer Traumen, sogar von Herzen, und wir sind Licht.

Und uns werden so genannte Engelsflügel verliehen, damit wir in Licht und Liebe leben können und dürfen (nicht nur dann).

Spüren wir eine Veränderung?

Introjekte heilen, dies sind innere Glaubenssätze, wie nicht wertvoll zu sein, etwas tun zu müssen, um zu genügen (um genügend zu ahben, zu sein). Diese stammen meist von den Eltern. Sie heilen im Licht der Einheit durch Gott und die Engel. Wir bitten sie darum.
Gott bitte heile auch dies, und ich bin Licht.
Lasse meine Introjekte heilen.
Ich bin, der ich bin.
Danke von ganzem Herzen.

Wir sind Licht und Leben und innere Freude sei.

Ba Ra Sekhem, um dies ägyptisch zu betonen.

Wir spüren die Liebe Gottes, und wir sind reine Freude und Glück.
Ba Ra Sekhem.

Erlernte Hilflosigkeit weicht, sollten wir dies Muster in uns tragen, so wie die Gefühle von Mangel in uns weichen, wir sind Licht.

Gott heilt, und wir sind, die wir sind. *Ba Ra Sekhem,* um dies erneut zu betonen.

Ba Ra Sekhem.

Die innere Kindheit heilt.
Und auch unsere Introjekte weichen.

Gefühle der Wertlosigkeit und Ohnmacht wie Allmacht auf der anderen Seite, oder zum Beispiel kompensatorische Gefühle weichen, oder anders gesprochen: heilen im Licht der Einheit.

Wir bitten Gott darum.

Wir sind ewig frei.

Wir sind Licht.

2 Kymische Hochzeit

Bittet darum, dass nun alles zu Eurem höchsten Wohle gefügt werde – denn nun sprecht Ihr in Liebe und lauscht Der Stimme Eurer Seele und Eures Höchsten Selbst:

Oben wie Unten,
Innen wie Außen,
in mir gibt es keine Trennung, denn die Trennung ist eine Illusion.
Ich bitte um die Verbidung mit meinem Höheren Selbst.
Ich bitte um die Vereinigung mit meinen Seelengeschwistern zur kymischen Hochzeit, die nun bereit dazu sind.
Ich bitte, dass dieser Vorgang in der Reinheit und in der Liebe des Höchsten – Gott Vater-Mutter geschehe.
Es möge sein Wille geschehen und nicht unserer – so sei es.

Lasst Euch nun Zeit und spürt hinein in diesen Prozess, der länger dauern kann. Nehmt war und seid. Denn Ihr seid.

Wir gehen erneut in den Garten, sind dort Gegenstände (Figuren, neu entdeckte)?

Dann sind durch die Gebete und Affirmationen neue Heilungen möglich.

Wie sehen wir auffällige Gegenstände oder Figuren?

Benötigen wir Hilfe von Engeln oder dürfen wir spielen und lachen, befreit und glücklich?

Falls nicht, bitten wir Gott erneut um Hilfe.

Bitte Gott, heile mein Innen, lass mich deine Liebe spüren und heile alle frühkindlichen Bindungsschwächen und die „Gegenstände" und Figuren im Garten. Danke schön von Herzen.

Ich bin in meinem Raum und keiner hat Zutritt.

Dies sprechen wir, um zu betonen, dass alle dunklen Schatten weichen, und kein Mensch den eigenen Raum nimmt oder betritt. Wir sind Licht.

Nun spüren wir vielleicht Erleichterung und Frieden oder andere Gefühle.
Lassen wir dies zu.

Vielleicht werden wir auch dominanter, falls wir uns unterdrückt hatten?

3. Der Berg

Der Berg entspricht den Bezugspersonen des jetzigen Lebens. Das kann z.B. der Vater sein. Aber, es ist immer jemand, der Macht auf Dich ausübt. Auch ungelöste Konfliktstrukturen werden sichtbar. Beschrieben wird der Berg aus der Ferne, der Aufstieg zum Gipfel, das Gipfelpanorama und der Abstieg. Dabei zeigt der Aufstieg die persönliche Entwicklung an und wie er seine Aufgaben bewältigt.

Die Steilheit des Weges entspricht dem Ehrgeiz des Klienten.
Der Rundblick auf dem Berg wird gewertet als der geistige Überblick über die eigene innerseelische und emotionale Verfassung. Aber auch als die momentane Einschätzung der jetzigen Lebenslage.

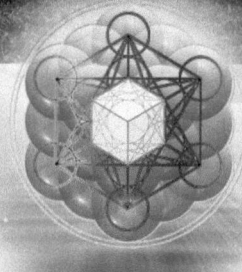

Spüren wir, und wir sind Licht.
Gott heilt und wir mit ihm.
Wir sind, die wir sind.

Jetzt bitten wir alle nicht gelebten Gefühle in uns einmal hervorzutreten.
Wir können sie in den Garten bitten.

Vielleicht sind dies Gefühle wie Wut, aber auch Nähe oder Selbstliebe. Vielleicht aggressive Impulse, Triebhaftigkeit oder einfach (unterdrückte) Freude.

Wir geben ihnen Raum, betrachten sie aus der Nähe und fühlen Sie einmal.
Sie sind ja unterdrückte Gefühle in uns oder unerlöste.

Wie spüren wir sie? Machen sie uns noch Angst? Bitten wir Gott, sie zu integrieren.
Wie fühlen wir sie nun?
Als geheilte Anteile von uns.

Wir spüren vielleicht auch unterdrückte Selbstliebe.
Wie fühlt sie sich in befreiter Form an?
Können wir nun noch Gefühle des Mangels in uns erleben?

Wir sind unsere inneren Kinder und die Erwachsenen, die dem inneren Kind nun die Hände zur Versöhnung reichen. Wenn es dies möchte.

*Und der Berg heilt durch Gott und die Erzengel
Metatron, Raphael und Garbiel, wenn wir draum
bitten. Wir bitten Gott um die Heilung der Beziehung zu uns selbst, und um die Lösung des
„inneren Bildes" Berg.
Spüren wir, wie sich der Berg, Auftieg, Gipfel und
Überblick über die Szene verändern. Gelnagen
wir leicht wieder herunter?
Sind wir verletzt (durch frühere Bezugspersonen)?
Dann sprechen wir mit Gott und den Engeln:
Bitte löse alle Verlassenheitsgefühle und heile
den Berg erneut.
Ich danke Dir von Herzen.
Wir spüren erneut. Und wir sind Licht.
Nähere Informationen auch in meinem Buch:
Heilen mit der Kraft innerer Bilder. Wie wir innere
Stärke entfalten und Psychodynamiken heilen.*

Wir bitten nun, alle unsere inneren Kinder hervorzutreten, aus frühen Zeiten, aus Schulzeit, auch Kinder, die sich versteckt hielten. Sie treten hervor.
Können wir sie sehen?
Wir bitten Sie, sich zu integrieren.
Auch die versteckten heilen, und vielleicht benötigen Sie Schutz und Liebe und mehr Freude. Wir geben Sie ihnen.

Wir lassen dies einfließen.

Und sie integrieren sich.

Vielleicht ist ihnen manches peinlich gewesen, so fragen oder bitten wir sie, was sie von uns benötigen, um sich zu freuen und wieder wohl zu fühlen.
Sicherheit und Respekt könnte eine Antwort lauten.
Wir gewähren den inneren Kindern genau dies, was sie sich wünschen.

Und wir lassen noch mehr Liebe einfließen, und wir danken Gott und den Engeln.

Wir spüren die Liebe Gottes und unserer inneren Kinder.

Vielleicht spüren wir noch einmal alle verlassenen inneren Kinder und integrieren sie und heilen.
Dann spüren wir, wo sie Verletzungen erlebt haben, durch Erziehung oder „Ungehorsam".

*Wir sind Ba Ra Sekhem und Gott selber.
Und wir sind Licht.
Wir spüren die Liebe Gottes in uns, und wir sind Licht.
Wir danken Gott von ganzem Herzen für die Heilung der Kindheit in uns selber.
Und wir sind Licht.
Ba Ra Sekhem.*

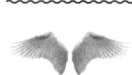

Und wir lassen dies zu, sie dürfen so sein, wie sie wollen, auch wenn sie Rollen einnehmen im Familiensystem.

Wir lösen sie aus allen Rollenspielen, so zum Beispiel, dass sie die eigenen Großeltern den eigenen Eltern spiegeln.

Wir sagen zum Beispiel:

Liebe innere Kinder, ihr könnt so sein, wie ihr wollt, ich löse alle Rollenbilder und Glaubensmuster in diesem Zusammenhang.
Ich und du/ihr, wir sind eins, und wir sind Gott selber.

Ich heile auch alles Geschlagen worden sein, emotionales, wie physisches Missbrauchsgeschehen erneut, sowie alle Ohnmachtshaltungen, wie auch Allmachtsfantasien, so sie noch vorhanden sind. Ich bin Licht.

Wir spüren, ob dies wirkt.

Wir bitten Gott erneut um Hilfe, unsere inneren Kinder zu heilen von allen schlechten Gefühlen, Erstarrungen, Antriebslosigkeiten und allem Unwohlsein.

Und wir sind Licht, Ba Ra Sekhem, um dies ägyptischen betonen.
Was geschieht? Ändert sich unser Innen, heilt unser inneres Kind?

Fühlt es sich fröhlich und gelassen an?

Und wir lösen erneut alle traumatischen Erlebnisse aus der Kindheit, wir sind, die wir sind.
Wir bitten Gott, noch vorhandene Schocks und Traumen zu lösen und unser Heil-Sein zu introjizieren. Wir lösen uns aus allen Versprechen an die Dunkelheit und wir sind Licht. Ba Ra Sekhem.

Spüren wir eine Veränderung?

Wir bitten erneut, alle inneren Kinder zu heilen, und auch die verletzten, kaum gesehenen, sie treten hervor.

Was brauchen sie von uns? Vielleicht noch mehr Liebe und Frieden und manches Mal auch Schutz vor den Erwachsenen, und wir geben es Ihnen.

Und wir bitten Gott nach den Transformationen, uns mit den geheilten Eltern zu verbinden. Wir sind Licht.

Wie sehen wir unser inneres Kind? Wie fühlt es sich?

Wir lösen erneut allen anerzogenen Autismus, und wir versöhnen uns mit unseren Gefühlen, unseren Ängsten und unseren Eltern. Sollten sie auch streng gewesen sein, vergeben wir Ihnen und senden Ihnen Liebe und Vergebung.
Wem dies schwerfällt, spricht dies dreimal:

Ich sende Dir Liebe und Vergebung, Vater und Dir Mutter.

Wie fühlt es sich nun an?

Fühlen wir uns wohl?
Sind noch innere Kinder verletzt?

Wir holen Sie erneut hinter unserem Rücken hervor und geben ihnen Liebe und Frieden.

Und wenn wir sie hören, geben wir ihnen das, was sie möchten.

Sind sie integriert, schauen wir erneut in den Garten. Ist er friedlich, gibt es Störfelder?

So bitten wir Gott erneut um Hilfe.

Ist innere Freude das Problem? So sprechen wir: *Gott, bitte heile mein Innen auch hiervon, lass mich Freude sein, und Verantwortung für mein Sein. Ich bin Licht. Ich lache, lebe und liebe im Licht der Einheit. Ich bin Licht.*

Spüren wir einen Unterschied.
Dann dürfte sich der Garten wandeln und liebevoll sein, so er dies noch nicht war oder ist.

Auch die Reinlichkeitserziehung wird geheilt, so lö-

sen wir innere Zwänge und Ungereimtheiten, die diesbezüglich entstanden sein können. Zum Beispiel durch folgende Bitte:

Gott, bitte heile alle Fixierungen aus so genannter „analer", oraler oder späterer Phasen und Störungen im Sein, die damit zusammenhängen. Lass mich Deine Liebe spüren.

Ich danke dir von Herzen.
Fühlen wir uns leicht und frei?

Dann sind wir einen wesentlichen Schritt weiter gegangen.

Wir sind frei, frei, ewig frei.

Wir danken erneut Gott und den Engeln und spüren mithilfe innerer Bilder weiteren Problematiken nach.

Dies können Schattenanteile in uns sein, die auch aus der Kindheit stammen können oder dort angelegt wurden.
Welche sind es?

Wie fühlen sie sich?

Was benötigen Sie, um zu heilen? Wir bitten Sie in den Garten.

Vielleicht sind es unzufriedene Anteile, Anteile oder Aspekte, die nicht gesehen wurden, oder die aus früheren Leben stammen.
Wir bitten Sie ins Licht der Einheit. Dort werden sie geheilt, wenn es Gottes Wille ist.
Und es ist Gottes Wille.

Er oder sie heilt unsere Schattenaspekte, und wir bitten erneut alle in das Licht der Einheit.

Wie fühlen sie sich, wird es heiler in uns?

Oder sind noch Anteile dort, die Schattenaspekte aufweisen? Vielleicht waren sie als Kind rebellisch, einsam, zornig, zurückhaltend. Vielleicht sehnen sie sich nach Nähe (auch zu sich selber).

Geben wir durch Gott und die Engel diesen Anteilen Heilung durch die Einheit selbst.
Wir bitten Sie in das Licht der Einheit und sprechen in Liebe und Frieden:

Gott, bitte heile meine Schatten, bitte lenke Du mein ganzes Sein. Ich bin Licht, ich bin Liebe, ich bin Wille, ich bin Weisheit, und ich bin Gott, ich manifestiere aus dem höchsten Bewusstsein, dass ich Liebe bin.
Und ich heile im Licht der Einheit, die ich in Wahrheit nie verließ.
Ich bin, der ich bin.

Noch mehr Liebe fließt ein und Gott heilt in uns.
Wir sind, die wir sind.
Und wir sprechen dies:

Ich bin das Ich-Bin-Bewusstsein, und ich bin Gott selber, ich heile mein Inneres Kind und alle Anteile, die jemals in der Trennung waren. Und ich bin Liebe, ich bin Wille, ich bin, der ich bin, und ich manifestiere aus dem höchsten Bewusstsein, dass ich Liebe bin.

Gott lenkt, und ich bin Licht.

Wir lassen dies wirken und spüren erneut, ob Anteile in uns nicht geheilt sind oder in Opferhaltungen. Dann bitten wir erneut, dass Gott sie heilt, und sie heilen durch Gott und die Engel.

Wir lieben uns selbst und spüren dies.

Falls nicht, bitten wir auch hierbei Gott um Hilfe in tiefer Liebe und Demut:

Gott bitte lasse mich Deine Liebe spüren und erlaube mir, mehr und mehr Selbstliebe in mir zu fühlen und die Lernthemen, die ich einst selbst schuf, sie weichen, ich bin Licht.

Und wir können ohne Trennungen hinzufügen: *oben wie unten, und innen, wie außen.*
Ich bin, der ich bin.

Und ich bin das Ich-Bin-Bewusstsein.
Ägyptisch: Ba Ra Sekhem.

Und wir heilen im Licht der Einheit, die wir in Wahrheit nie verließen.

Und wir sind Licht.
Gott lenkt, und wir sind, die wir sind.
Erneut: *Ba Ra Sekhem.*
Und die Liebe heilt die Wunden, die Gott einst in Kauf nahm, um auch die Dualität leben zu können.
Und so gibt es keine Trennungen, und sie weichen, und wir sind, die wir sind.

Spüren wir erneut, und Gott heilt.

Und die ägyptische heilige Barke leuchtet, damit wir die Anteile in uns wieder integrieren und verfestigen, dass wir Gott sind, denn wir sind dies, und die Barke leuchtet.

Fühlen wir uns nun sicher und geborgen?

Dann sind wir heil(er) in uns selbst, und wir sind Licht.

Und Gott liebt uns unendlich, und wir spüren dies.
Falls nicht, bitten wir Gott zu Hilfe.
Und unser drittes Auge heilt.

Und wir sind Licht.

Und die heilige Barke leuchtet erneut.
Wir sind Gott selber.
Und wir spüren dies.

Gott heilt, und wir danken Gott und den Engeln und Erzengeln und aufgestiegenen Meisterinnen und Meistern von ganzem Herzen.

Wir sind Licht.

Und Gott lenkt erneut.

Spüren wir noch innere Unruhe, oder innere Kinder, die geheilt werden möchten, so bitten wir Gott erneut um Heilung, und wir sind Licht.

Wir lösen erneut alle inneren Kämpfe in uns, denn wir sind Licht.
Und wir sprechen, um dies abzurunden:

Ba Ra Sekhem. Und wir lassen nun alle weiteren verletzten Anteile, Anteile, die in der Dualität sind, zu uns treten, ob aus der Kindheit oder Jugend oder heutige, erwachsene Anteile.

Und wir sprechen mit Ihnen. Was ist ihre Verletzung? Mangelndes Eins-Sein, Ängste, „Neurose" oder die Unfähigkeit, ganz wir selbst zu sein?

Dann bitten wir erneut in tiefer Liebe und Demut

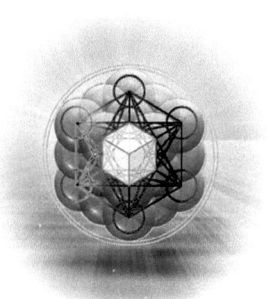

Gott und die Engel um Heilung unseres Innen. Vielleicht benötigen wir ein anderes „Ich".
So bitten wir, dass dies durch Gott vermittelt, einfließt, und wir spüren den Unterschied.

Sind wir friedlicher, liebevoller, genussreicher und liebender?

Dann sind wir geheilt, und wir spüren dies.
Lassen wir dies erneut wirken.

Und wir spüren uns selbst liebevoller und achtsamer. Auch unser Selbstwertgefühl heilt, *und ich bin Ba Ra Sekhem.*

Und mangelndes Einfühlungsvermögen, mangelnde Selbstliebe weicht ebenso.

Und wir, sind, die wir sind.

Und unsere Schattenaspekte sind Licht.
Spüren wir erneut, und wir sind Leben.

Wir dürfen Gott erneut danken, und in Wahrheit ist dies Leben eine Illusion. Dies meint, dass die Seele oder das Höchste Selbst, die Materie wie in einem Schauspiel freier sein lässt, und dadurch die Transzendenz auf der Erde, das Hellhören, Klarsehen zum Beispiel, erst „geübt" werden sollte. Wäre sie keine Illusion, gäbe es uns nicht als physische Wesen.

Und Namasté heißt, das Göttliche in mir grüßt das Göttliche in Dir.

Namasté.

Vielen Dank an Tanja Matthöfer (Velbert), Petra Langner (Borchen) und viele weitere Freunde, sowie meine Eltern, denen ich von Herzen danke.

Seid, und Ihr seid Licht.

Ba Ra Sekhem.

So sind wir in Wahrheit Gott selber, der in den Seelen, die einst auf früheren Planeten, auf vielen Sternen inkarniert sind und waren, und auch auf diesem Lernthemen erfahren lässt, die auch dual sind. Wenn wir den (dunkleren) Mantel der Dualität und der Lernthemem ablegen, steigen wir auf. Nicht nur dann, und wir steigen und legen alle dunklen Mäntel ab.

So sind wir auf der höchsten Stufe engelsgleich. Dies darf sich im menschlichen Gewand als Liebe, echtes Wissen um die Inkarnationen, sowie Hellhören und Klarsehen offenbaren, und wir sind Licht.

Und dies ist das Mysterium des Lebens und aller Mystik, wir sind, die wir sind, wir sind ewig Gott selber, und zu allen Zeiten war es uns bewusst, denn wir sind, die wir sind, und wir steigen auf.

Wir sind Licht, und wir sind Leben, und wir sind ewig heil. Und alles ist Licht, und dient dem Erleben.

Wir entfalten uns als Licht in der Dualität, und alle Anteile in uns heilen, damit die Erde eines Tages erwacht, und wie bei einem Schmetterlingsflügelschlag werden die inkarnierten Meisterinnen und Meister dies erledigen und die Menschen erwecken, um ihnen ihr wahres Ich zu zeigen.

Es fließt ein.

Namasté, und unser Gewahrsein heilt im Licht der Einheit.